Anja Keddig-Voll | Ed Voll

VANCOUVER ISLAND

UNVERGESSLICHE REISEERLEBNISSE

360° medien

IMPRESSUM
Vancouver Island – Unvergessliche Reiseerlebnisse
Anja Keddig-Voll | Ed Voll

Bibliografische Information der Deutschen Bibliothek
Die Deutsche Bibliothek verzeichnet diese Publikation in der deutschen Nationalbibliografie.
Detaillierte bibliografische Daten sind im Internet über www.dnb.de abrufbar.

Redaktion und Lektorat: Christine Walter

Satz und Layout: Lucas Walter

Gedruckt und gebunden:
LUC GmbH | Hansaring 118 | 48268 Greven | luc-medienhaus.de

Bildnachweis: siehe Seite 144
Sicherheitshinweis: siehe Seite 144

ISBN: 978-3-96855-324-5
Hergestellt in Deutschland

360grad-medien.de

Anja Keddig-Voll | Ed Voll

VANCOUVER ISLAND

UNVERGESSLICHE REISEERLEBNISSE

360° medien

INHALTSVERZEICHNIS

VANCOUVER ISLAND

KANADA
t Bay
Sayward
Whistler
Campbell River
ld River
Courtenay
Comox
Springs Cove
Parksville
Vancouver
Tofino
Port Alberni
Nanaimo
Ucluelet
VANCOUVER ISLAND
Duncan
Bellingham
Port Renfrew
USA
Victoria
Salish Sea
101

„LET CANADA CHANGE YOU!“

Long Beach, Ucluelet

„LET CANADA CHANGE YOU!“

Schooner Cove, Tofino

So steht es auf einem Aufkleber, den wir in der Touristeninformation Duncan entdeckt und natürlich mitgenommen haben. Mein Mann und ich sind nämlich echte Kanada-Fans. Wir versuchen, so oft wie möglich dort hin zu kommen. Alle zwei bis drei Jahre klappt es schon. Dazwischen muss leider immer etwas Zeit zum Sparen bleiben. Die ersten Male waren wir in der Provinz Alberta gewesen. Besonders die Rocky Mountains, die Gegend um den Icefields Parkway und das Kananaskis Country, haben es uns angetan. Aber es war an der Zeit, uns einen anderen, lange gehegten Wunsch zu erfüllen: Vancouver Island! Dreieinhalb atemberaubende Wochen lang waren wir dort und sind schon mit dicken Plänen für ein baldiges Wiederkommen abgereist. Zwei Jahre später sind wir tatsächlich zurückgekehrt. Wir haben liebgewonnene, unvergessliche Sehnsuchtsorte wieder besucht. Und wir haben viel Neues gesehen und erlebt, von dem wir auf unserer ersten Reise als Geheimtipp erfahren hatten, das aber damals nicht auf unserem Weg gelegen hatte. Aber sind wir nun etwa durch mit der Insel? Oh nein, längst nicht. Wir haben neue Tipps bekommen. Haben uns von unseren Eindrücken zu weiterführenden Plänen inspirieren lassen. Und wir haben nun noch mehr zauberhafte Orte auf Vancouver Island, nach denen wir uns zurücksehnen.

Die Insel ist ungefähr 450 Kilometer lang. Das ist schon eine beachtliche Größe. Dazu kommt, dass sie verschiedene Regionen mit ganz unterschiedlichem Charakter zu bieten hat. Von Victoria im Süden an der Ostküste hinauf bis nach Campbell River prägen Menschen, Städte, Ferienressorts, Touristen und Jachthäfen das Bild. Hier ist richtig was los. Je weiter man nach Norden kommt, desto ruhiger wird es. Kleinere Ortschaften, weniger Menschen und schmalere Straßen, die auch zumeist durch Wälder führen.

Hier vom Norden der Insel aus sind wir zu tollen Ausflügen per Boot aufgebrochen. Wir haben Wale gesehen (das wollte ich mein Leben lang schon!) und Delfine. Wir sind über die Johnstone Strait in den Thompson Sound gefahren. Dort haben wir im Regenwald gehockt und Grizzlys beim Lachse fangen beobachtet! Und wir sind einen ganzen sonnigen Tag lang mit dem Boot durch die Schären gecruised. Sind von Seelöwen beobachtet auf dem tiefblauen Wasser Kanu gefahren und haben in einer verschwiegenen Bucht den gerade gefangenen Fisch gebraten.

Solche außergewöhnlichen Erlebnisse und aufregenden Tierbeobachtungen sind überall auf Vancouver Island und jederzeit möglich. Auch wenn man vielleicht gerade (zum Beispiel in der eigenen Lodge) gar nicht damit rechnet.

An der Westküste gibt es weite Strände mit tosender Brandung, schroffen Felsen und tannenbestandenen Inseln. Vancouver Islands Long Beach ist unter Wellenreitern weltberühmt – wer hätte das gedacht? Ein Surferparadies mit Hippies, Künstlern, Sonderlingen und Chill-out-Mentalität. Hier liegt auch der Pacific Rim National Park. Er umfasst Teile der Küste, die Inselgruppe der Broken Group Islands und Gebiete mit echtem Urwald. Regenwald, genauer: Kaltregenwald. Darin zu wandern, ist wirklich wie im Dschungel! In anderen Gegenden gibt es Mammutbäume. Das sind Douglastannen und Zedern, manche 800 Jahre alt und tatsächlich sagenhaft hoch. Die meisten stehen im Inneren der Insel, wo es ausgedehnte Wälder gibt. Eine Gebirgskette durchzieht Vancouver Island von Norden nach Süden. Während an den Stränden gesurft wird, bleibt auf manchen Bergen in den Provincial Parks der Schnee fleckenweise das ganze Jahr über liegen. Was für eine faszinierende Insel! So unterschiedliche Landschaftsbilder, umschlossen vom weiten Pazifischen Ozean. Und all die Tiere, die man hier beobachten kann: Wale, Bären, Adler, Wölfe, Delfine, Seelöwen und Robben, Fischotter und und und. Vancouver Island ist fantastisch und jeder Tag dort ein Abenteuer.

Lighthouse Loop. Ucluelet

„Let Canada change you!“ Ein Stück von der Chill-out-Mentalität, das man mit nach Hause in den Alltag nimmt. Bilder und Erinnerungen, die man nie wieder vergisst. Aber Achtung! Der Hang zum Fernweh, zu Träumen und kühnen Plänen wird davon nicht weniger!

QUINSAM RIVER HATCHERY

„Catch of the day!“

QUINSAM RIVER HATCHERY

Also, von der Sache mit den Fish Hatcheries haben wir auf Vancouver Island überhaupt zum ersten Mal gehört. Wir haben auch eine ganze Weile gebraucht, bis wir durchschaut hatten, wie sie funktionieren. Es geht dabei, wie bei so vielem auf Vancouver Island, um den Lachs. Der jährliche Zug der Fische vom Meer die Flüsse hinauf und bis an ihre angestammten Laichplätze ist gleichsam der Motor, das Herzstück des Ökosystems der Insel. Alle größeren Tiere (wie die Bären) versammeln sich im Herbst, um an den Lachsen leichte und reiche Beute zu machen und sich ihren Winterspeck anzufuttern. Was sie davon in die Wälder schleppen, düngt den Boden und die Pflanzen. Was sie von ihrem Mahl übrig lassen, wird zum Festmahl für die gesamte Nahrungskette bis hinunter zu den Mikroorganismen. Auch die Menschen hatten Tausende von Jahren dankbar teil an diesem Reichtum der Natur. Erst das übermäßige Abfischen der Lachsbestände hat in den vorigen beiden Jahrhunderten den Kreislauf in eine Schieflage gebracht. Während der Lachssaison drehte sich eine ganze Fischindustrie um das Fangen, die Weiterverarbeitung und den Verkauf des Lachses. Schiffsflotten, Ha-

Ausgewilderter Lachs

fenanlagen und Fabriken wuchsen aus dem Boden. Einerseits zum finanziellen Segen der Bewohner Vancouver Islands, die dadurch einen bisher unbekannten Wohlstand erlebten. Fette Jahre waren das. Andererseits führte das ungehemmte Abfischen dazu, dass es irgendwann deutlich weniger Lachse gab. In Campbell River zum Beispiel wurde es zum ersten Mal 1974 offenkundig. Darum wurde direkt am Campbell River (wie auch an vielen anderen Orten) eine Fish Hatchery eingerichtet. Es handelt sich dabei um ein Projekt, mit dem das Vorkommen bestimmter Fischarten in einem Fluss gestärkt werden soll. Man fängt Lachse auf ihrem Zug zu den Laichplätzen ab, um sie zu „melken". Das heißt, ohne die Fische zu verletzen, werden ihnen die Eier aus dem Körper gestrichen. Sie werden mit dem Samen zusammengerührt. Die befruchteten Eier reifen in einer geschützten Umgebung, in einem der Becken der Hatchery, heran. Ein ganzes System von untereinander verbundenen Becken gibt es. Die jungen Lachse durchlaufen (also durchschwimmen) es Stufe für Stufe und werden schließlich in die Freiheit und in den Fluss entlassen. Sie schwimmen, wie es ihre Natur ist, Richtung Meer. Später kehren sie Jahr für Jahr zum Laichen in den Fluss zurück, an dem sie geboren worden sind. Auf diese Weise vergrößern sie den natürlichen Fischbestand.

Zuchtbecken in der Hatchery

Aus diesem Grund sind zur Zeit des Lachszuges dort auch recht häufig Schwarzbären anzutreffen. Das Gelände der Fish Hatchery und ihre Wege am Flussufer entlang machen es den Besuchern leicht, die Bären bei der Jagd zu beobachten. Ein guter Tipp, den wir von einem Freund bekommen hatten – der aber nicht immer fruchtet. Bei unserem Besuch der Quinsam River Hatchery haben wir leider keine Bären zu sehen bekommen. Dass der Fluss zu einem festen Revier gehört, war allerdings deutlich zu sehen. An einem Klacks „Bear Pooh", auf einem Stein am Ufer drapiert. An vom Spazierweg abzweigenden grünen Tunneln, die in direkter Linie das Flussufer mit dem Dickicht des Waldes verbinden. Hier lebt zumindest ein Bär. Nur hat er sich leider nicht blicken lassen, als wir da waren. Dafür war die Anlage der Hatchery voller Lachse. Dicht bei dicht standen sie im Wasser. Sie können über Stufen von einem Becken ins nächste gelangen. Aber erst, wenn sie den entsprechenden Entwicklungsgrad erreicht haben. Das Wasser strömt ihnen nämlich entgegen. Sie müssen Kraft aufbringen und springen. Man sieht die grau-silbrig-gesprenkelten Fischleiber im strudelnden Wasser kaum. Man sieht sie nicht springen. Aber man kann sie hören! Das gleichmäßige Rauschen des Wassers wird unterbrochen von einem ... „Außenbordmotor", will ich das mal nennen. Ein ganz bestimmtes Geräusch ist das. Denn die gesamte Kraft, den Schub, den der Lachs braucht, um das Hindernis gegen den Widerstand des ihm entgegen strömenden Wassers zu überwinden, die holt er aus der Schwanzflosse. Wie einen Außenbordmotor peitscht er sie in unglaublicher Geschwindigkeit hin und her und katapultiert damit den Leib nach vorn und oben. Ein erstaunliches Wunder der Natur, dass ein so kleiner Körper so große Kräfte entfalten kann!

Wir sind eine Strecke den Fluss entlang gegangen. Wie gesagt: weit und breit kein Bär. Aber wenn man genau hingeschaut hat, dann schwammen in dem flachen Wasser, das glitzernd und eilig über ein Bett aus Steinen strudelte, die Lachse dicht bei dicht. Genauso, wie man es aus Fernsehdokumentationen kennt. Ab und an spitzte eine Rückenflosse aus der Wasseroberfläche. Und da, wo ein natürliches Hindernis die Lachse zum Springen zwingt, da unterbrach immer wieder, viel öfter, als man vermuten würde, das Geräusch anspringender Außenborder das ebenmäßige Rauschen des Flusses.

INFO

Lage: 4217 Argonaut Road, Campbell River, BC V9H 1P3

Einkaufen:

- River Sportsman Outdoor Store: Der große Outdoorladen hat alles, was der Reisende so braucht (z. B. tolle Ferngläser). Sehr gute und individuelle Beratung! 2115 Island Highway. Campbell River, BC V9W 2G6, *riversportsman.com*

Website: *www.pac.dfo-mpo.gc.ca/sep-pmvs/hatcheries-ecloseries/quinsam-eng.html*

PAINTER'S LODGE, CAMPBELL RIVER

Painters Lodge

PAINTER'S LODGE, CAMPBELL RIVER

Durch Campbell River muss man hindurch fahren und noch ein wenig weiter Richtung Norden. Dann biegt ein unscheinbarer Weg nach rechts ab. An einigen Bungalows und Abzweigungen vorbei läuft er direkt ans Meer hinunter. An die Discovery Passage zwischen Vancouver Island und Quadra Island, das man von hieraus schon vor sich liegen sieht. Fast unten am Ufer biegt noch einmal ein kleiner Weg nach rechts ab. Hohe Tannen stehen dort und umgeben die Anlage der Painter's Lodge. Sie wirkt auf anheimelnde Weise oldfashioned und very british. Mehrere langgestreckte, zweigeschossige Holzhäuser im Cottagestil beherbergen die Gästezimmer. Vor den Zimmertüren ziehen sich Veranden entlang. Nach hinten hinaus hat jedes Apartment einen Balkon und viele haben sogar einen Blick auf das Meer. Das Haupthaus mit der Rezeption und dem Restaurant liegt natürlich direkt über dem Strand und hat eine grandiose Aussicht. Da schmeckt eigentlich alles ganz von allein – sogar ein einfallsloses Continental Breakfast. Die Häuser sind eingebettet in eine liebevoll gepflegte Gartenanlage. Grüne Rasenflächen, Obstbäume, Hecken und blühende Hortensienbüsche. Sagenhaft! Einen ganzen Schwarm Gärtner gibt es, die sich darum kümmern. Frühmorgens schlendern sie gemeinsam, die Kaffeebecher in den Händen, über das Gelände. Zeigen in die Runde, bücken sich zu Blumen und Kräutern hinunter, begutachten kritisch Zweige. So entwickelt sich wohl der sachkundige Plan für den kommenden Tag.

Die Lodge vom Steg aus

Anglerparadies

Durch die Gartenanlagen hindurch, an den Häusern vorbei, findet man neben der Rezeption den Beginn einer langen Treppe. Sie führt zum Strand hinunter. Das heißt, an den Strand selbst gelangt man gar nicht. Leider. Wir haben es versucht. Denn wenn das Meer so einladend vor uns liegt, lieben wir nichts mehr, als stundenlang am Ufer entlang spazieren zu gehen. Das ist an diesem Ort nicht möglich. Außerhalb der Lodge schirmen Privatgrundstücke den Strand ab. Da gibt es keinen Weg hindurch. Und innerhalb der Lodge gibt es nur besagte Treppe hinunter ans Wasser. Sie mündet in einen langen Steg, an dessen Ende Boote liegen. Einige davon sind Wassertaxis. Sie fahren in regelmäßigen Abständen nach Quadra Island hinüber. An die Nordspitze, nach Gowlland Harbour, wo das April Point Resort liegt. Andere Boote warten auf Angler. Campbell River nennt sich selbst „Capital of Salmon". Es scheint in den Sommermonaten ein echter Anziehungspunkt für Sportfischer zu sein. Auch die Painter's Lodge ist auf sie eingerichtet. Sie können sich ein Boot chartern und selbst hinausfahren. Oder sie können Plätze auf den größeren Booten buchen, die mit Gruppen zum Fischen hinausfahren. Vorn auf dem Steg befinden sich lange Arbeitstische, auf denen

Painters Lodge, Campbell River

der Fang sofort filetiert werden kann. Köpfe, Gräten und Gekröse werden einfach ins Wasser geworfen, wo sich Krebse und Schulen kleinerer Fische gerne um die Beseitigung kümmern. Weil das Wasser sehr klar ist, kann man sie dabei gut beobachten. Die Zahl der dort liegenden Lachsköpfe vermittelt einen Eindruck davon, welch reiches Fanggebiet dies ist. Natürlich wissen auch Schwärme von Möwen, dass es hier leichte Beute für sie zu holen gibt. Ebenso die Weißkopfseeadler. Da bleiben Revierstreitigkeiten nicht aus.

Adlerhorst

In den hohen Tannen, die die Lodge umgeben, waren bei genauem Hinsehen einige Adlerhorste zu entdecken. Wer ein besonders gutes Fernglas hat, kann darin die Jungtiere von den Alten unterscheiden. Weniger anhand der Größe als daran, dass die jungen Weißkopfseeadler in den ersten fünf Jahren, bis zum Einsetzen der Geschlechtsreife, keinen weißen, sondern einen braun gefiederten Kopf haben. Von welchem Alter an sie wohl lernen müssen, selbst Fische zu fangen anstatt sich von den Eltern versorgen zu lassen? Auf jeden Fall ist das eine nervenaufreibende Lehrzeit für sie!

Wir standen an unserem ersten Morgen in der Lodge auf dem Steg und schauten versonnen aufs Wasser. Da schwebte auf einmal der erste Weißkopfseeadler unserer Reise über uns. Er griff sich einen Fisch aus den Wellen und flog in weitem Bogen zurück zu den Tannen. Dort saß im Horst ein junger Adler und schrie hilflos, weil er gefüttert werden wollte. Aber die Alten hatten entschieden, dass er von nun an selbst fischen sollte. Einmal machte er auch den Versuch dazu. Er flog auf die Discovery Passage hinaus. Doch dort ließ er sich prompt von einem Haufen zorniger Möwen vertreiben. Dass er mittlerweile zu einem stattlichen, Ehrfurcht gebietenden Raubvogel herangewachsen war, hatte der Kleine noch gar nicht begriffen. Wie lange es wohl gedauert haben mag, bis er es gelernt hatte, sich selbst zu versorgen? Wir waren fast eine Woche lang dort und haben seine hungrigen Klagerufe immer wieder von den Tannen herüberschallen gehört.

INFO

Lage: 1625 McDonald Road, Campbell River, BC V9W 4S5

Einkehren:

- Dockside Fish & Chips: Seafood vom Feinsten auf einem schwimmenden Ponton urig serviert oder zum Mitnehmen! In der Marina, nahe dem BC Ferry Anleger. Bei regnerischem Wetter oder im Herbst, wenn keine Tische und Sonnenschirme draußen stehen, wirkt das kleine Restaurant wie ein längst verschlossener Schuppen. Darum haben wir uns auf der ersten Reise gar nicht rein getraut. Wagen Sie es trotzdem! Der Fisch, morgens geangelt und nachmittags frisch auf dem Teller, ist eine Köstlichkeit! Und die Videos, die das Team vom „Dockside" spontan während der Arbeit produziert und bei Facebook postet, sind schrill und pure Lebenslust. Absolut sehenswert! 1003 Island Highway, C Dock, Campbell River, BC V9W 2C4, *docksidefishandchips.com*

Website: *painterslodge.com*

QUADRA ISLAND

Leuchtfeuer am Rebecca Spit

QUADRA ISLAND

Auf der Fähre nach Quadra Island

In der Strait of Georgia, zwischen der Ostküste Vancouver Islands und dem Festland von British Columbia, liegen die Discovery Islands. Das ist eine Gruppe sehr unterschiedlich großer Inseln. Die größte ist Quadra Island und liegt in Sichtweite vor Campbell River. Nahezu stündlich verkehrt eine Fähre zwischen den beiden. Nur zehn Minuten Fahrzeit – ein Katzensprung. Wahrscheinlich waren wir deshalb auf den schrägen Gedanken verfallen, uns „mal eben so" Quadra Island ansehen zu wollen. Aber die Insel ist dreißig Kilometer lang und zwischen zwei und fünf Kilometern breit. Mit dem Auto (das man auf der Fähre mit hinübernehmen kann und sollte) könnte man sie nach Art einer Rundfahrt sicher an einem Tag bequem durchmessen. Dann hätte man alles gesehen und könnte die Besichtigung abhaken. Denn so sehr viele Sehenswürdigkeiten hat sie gerade nicht zu bieten. Ihre ca. 2700 Einwohner leben im Wesentlichen in drei Ortschaften: In Quathiaski Cove; das ist dort, wo die Fähre aus Campbell River anlegt. Weiter Richtung Südspitze liegt Cape Mudge, das einen Leuchtturm zu bieten hat. Und an der Ostseite von Quadra Island befindet sich, nahe der berühmten Landzunge Rebecca Spit, der Ort Heriot Bay. Von hier aus geht eine Fähre nach Cortes Island ab, das allerdings 45 Minuten entfernt ist.

Willkommen im Museum

Auf Quadra Island geht es eindeutig um Natur. Strände und dichten Wald. Wandern und Kanufahren. Ein Provincial Park, der am besten vom Boot aus zu erkunden ist. Campgrounds und Fahrradverleih. Zahlreiche Kunsthandwerksstätten soll es hier geben. Sowie ein Museum, das Nuyumbalees Cultural Centre in Quathiaski Cove. Es beherbergt eine bedeutende Ausstellung historischer Kunst- und Zeremoniengegenstände und Schnitzereien der We Wai Kai. Das Museum hätte uns sehr interessiert. Aber obwohl über dem Eingang das verheißungsvolle Schild prangte „The We Wai

Kai Nation welcomes you" und auf einem Felsbrocken „Gillakasla" stand, was „Willkommen" heißt – trotzdem war ausgerechnet an dem Tag, den wir uns für den Besuch der Insel ausgesucht hatten, geschlossen.

Die meisten Touristen begnügen sich mit einem Blick von Campbell River aus über die Strait of Georgia auf die nahe Insel. Wir dagegen hatten uns für unseren Besuch dort einen ganzen Tag reserviert und waren uns dabei mächtig großzügig vorgekommen. Um wieder einmal festzustellen, dass man sich das immer alles zu einfach vorstellt. Wir haben es geschafft, den Süden der Insel zu erkunden. Aber für den umfangreicheren nördlichen Teil hatten wir schon keine Zeit mehr. Viele interessante Orte konnten wir nicht kennenlernen, weil wir auf unserer eigenen, intensiven und zeitaufwendigen Art des Entdeckens bestehen.

Cape Mudge Lighthouse

Als erste Sehenswürdigkeit hatten wir uns das Cape Mudge Lighthouse an der Südspitze ausgesucht. Es ist rundherum eingezäunt und abgesperrt, denn der Leuchtturm ist noch in Betrieb. Mehr als das, er wird bewohnt. Als wir das Grundstück, soweit es möglich ist, umrunden, um Fotos zu machen (denn wir haben ein Faible für Leuchttürme und sammeln sie wie andere Leute Reiseandenken), kommt eine Frau aus dem Haus, mustert uns, nickt uns zu und geht, etwas aus dem Auto zu holen. Ob das die Leuchtturmwärterin war?

Gut, das Lighthouse konnten wir also nicht besichtigen. Dafür aber den Strand, an dem es steht. Was es da alles zu finden gibt! Im angeschwemmten, getrockneten Kelp hängen lauter ehemalige Krabben. Derselben Art, aber unterschiedlicher Größe. Die winzigen zartlachsrosa gefärbt. Die mittleren eher pink-rostrosa, und die größten tragen ein kräftiges Aubergine. In Kombination mit hellgrauen Steinen, ausgebleichtem Holz und gelblich-braunem Kelp geben sie ein wunderschönes Stillleben ab. Es sind auch Muscheln zu finden (manche handtellergroß) und die verschiedensten Steine (kann der grüne wohl Jade sein?) und sogar der Kieferknochen eines respektablen Fisches.

Beachcombing heißt diese Tätigkeit. Ja, sie hat tatsächlich einen eigenen Namen. Die Leidenschaft, mit forschendem Blick Schritt für Schritt den Strand entlang zu gehen. Steine umzudrehen, um zu sehen, was darunter ist. Muscheln, Hölzer und sonstige Fundstücke in die Hand zu nehmen, um sie genau zu betrachten.

Beachcombing

Treibholz am Strand

Fähre nach Cortes Island

Auch Bären, Vögel und Küstenwölfe zum Beispiel betreiben ausgiebiges Beachcombing. Wenn bei Ebbe der Wasserspiegel sinkt, durchforsten sie den Strand und die Ufer gründlich nach allem, was für sie essbar ist. Es scheint sich für sie zu lohnen.

Am Tag unseres Ausflugs zum Cape Mudge Lighthouse war der Himmel bedeckt. Dennoch war es angenehm mild. Ein leichter Wind ließ die Wellen ans Ufer schwappen. Wir hatten die Insel für uns allein. Weit und breit ließen sich keine anderen Menschen blicken. Nur einen Seehund gab es, der uns aus dem Wasser heraus vorsichtig beobachtete und jedes Mal sofort abtauchte, wenn wir zu ihm hinübersahen. Durch die Strait of Geogia fuhren Boote. Weit hinten. Bei uns am Ufer war nur Stille und Weite. Über dem Wald kreiste ein Adler. Es gilt, einen Strand zu erforschen. Sich von einem besonderen Ort und einem besonderen Moment ganz absorbieren zu lassen – was könnte es Schöneres geben?

Um die Mittagszeit beendeten wir die Besichtigung dieses Strandes, um an anderer Stelle damit fortzufahren. Rebecca Spit ist eine zwei Kilometer lange Landzunge an der Ostseite von Quadra Island. An ihrer schmalsten Stelle hat man zu beiden Seiten der Straße das Wasser genau neben sich. Vom Parkplatz aus führt der Rebecca Spit Trail in ein bis zwei Stunden um die Landzunge herum. Den Strand entlang auf der einen Seite bis zur Spitze und am Strand auf der anderen Seite zurück. Für Kurzentschlossene gibt es einen Trampelpfad direkt vom Parkplatz durch ein Wäldchen bis zur Spitze. Jeder nach seiner Façon. Aber es lohnt sich, sich die Zeit zu nehmen und einmal bewusst zu spüren, wie man sich auf Quadra Island immer weiter vom Trubel entfernt und in die tiefe Stille der kanadischen Natur eintauchen kann. Gerade noch in Campbell River mit seinen Ferienresorts, Sommergästen, Geschäften und einem Jachthafen voller Boote. Kaum übergesetzt nach Quadra Island, sieht man all das nur noch aus der

Ferne. Klein und ohne Ton, gewissermaßen. Drüben auf der Ostseite der Insel, am außenliegenden Strand von Rebecca Spit, ist dann plötzlich nur noch Ruhe. Nur das Meer und eine Vielzahl anderer kleinerer und kleinster Inseln. Zu den größeren wie Cortes Island fährt ab und zu eine Fähre durch das Bild. Einige weiße Jollen liegen im Strom und schwappen träge auf den Wellen. Zwei Jungs und ihr Vater stehen im seichten Wasser und angeln. Ein Paar sammelt ausgeblichenes Treibholz für Strandkunst.

Rebecca Spit

INFO

Fähre Campbell River – Quadra Island: Fahrzeit ca. zehn Minuten,; Fähranleger in Campbell River: 1001 Island Highway, Campbell River, BC V9W 8C7, Fähranleger auf Quadra Island: Quathiaski Cove Road, Quathiaski Cove, BC V0P 1N0, *bcferries.com/routes-fares/schedules/daily/CAM-QDR*

Aktivitäten:

- Nuyumbalees Cultural Centre: Das Nuyumbalees Cultural Centre steht in Korrespondenz zum U'Mista Cultural Centre in Alert Bay. Beide Ausstellungen sind im Zusammenhang zu sehen und berichten von der Kultur und Geschichte der First Nations auf Vancouver Island; 34 Weway Road, Quathiaski Cove, BC V0P 1N0, *wewaikai.com/programs/cultural-centre, museumatcapemudge.com*
- Seymour Narrows: Die Seymour Narrows sind eine Passage zwischen Vancouver Island und Quadra Island. Dicht unter der Meeresoberfläche liegende Berggipfel sind für viele Schiffsunglücke verantwortlich gewesen. Erst 1958 konnte die Durchfahrt mit einer spektakulären Sprengung gesichert werden. Diese Stelle ist aber nur von Quadra Island aus zu sehen. Bei Campbell River haben wir keinen Weg zum Ufer hinunter finden können; *crmuseum.ca/learn/ripple-rock*. Video von der Sprengung: *cbc.ca/news/canada/british-columbia/60-years-later-a-major-underwater-explosion-in-b-c-still-fascinates-1.4598172*

Website: *quadraisland.ca*

DER WEG NACH GOLD RIVER

Muchalat Inlet

DER WEG NACH GOLD RIVER

Während unserer ersten Reise durch Vancouver Island hatten wir immer wieder zu hören bekommen: „Wart ihr schon in Gold River? Da müsst ihr unbedingt hin! Es ist ja ein ganzes Stück zu fahren, aber es ist unglaublich schön dort. So still! Und diese Natur!“ Nein, damals haben wir Gold River nicht gesehen. Wir hatten ja gar nicht gewusst, dass es diesen Ort und diesen Fluss gibt. Und dass sie uns interessieren könnten oder interessieren sollten, weil sie so beeindruckend sind. Es war dann auch leider keine Gelegenheit mehr gewesen, Gold River nachträglich in unsere Reiseroute einzubauen, nachdem wir davon gehört hatten. Aber wir haben uns sofort fest vorgenommen, das nachzuholen, wenn wir wieder einmal nach Vancouver Island kommen würden.

Genau so haben wir es gemacht. Es gibt ja im Wesentlichen nur zwei Straßen, die quer durch das Innere der Insel führen und die Ost- mit der Westküste verbinden. Das ist einmal der Highway 4 von Coombs nach Ucluelet/Tofino eher im Süden und dann der Highway 28 zwischen Campbell River und Gold River weiter nördlich. Also haben wir uns bei unserer nächsten Reise für mehrere Tage und Nächte eine schöne Unterkunft in Campbell River gesucht. Das ist nämlich ein guter Ausgangspunkt für verschiedene Ausflüge. Zum Beispiel, um in aller Ruhe auf dem Highway 28 nach Gold River zu fahren. Neunzig Kilometer sind das. Durch die Berge, um Seen herum und ein Stück durch den nördlichsten Zipfel des Strathcona Provincial Park. Es gibt unterwegs also einiges zu sehen und zu entdecken.

Campbell Lake

Der erste View Point eröffnete uns einen weiten Blick auf den Upper Campbell Lake. Wie ein breites Band schlängelt er sich um die Berge herum. Wie gewaltig groß er ist! Eingebettet in schroffe Felsen und dichten, dunklen Tannenwald. Im Sonnenschein leuchtet der See türkisblau. Sicher ist er tief und eiskalt. Wege um ihn herum scheint es keine zu geben. Ist das nicht erstaunlich? Nur wenige Kilometer von Campbell River entfernt beginnt bereits die unberührte Natur.

Urwald

Die Abzweigung zu den Lady Falls, 51 Kilometer westlich von Campbell River, erfolgt wieder einmal völlig überraschend – eine Spezialität von Vancouver Island. Man muss schon genau aufpassen, um den dezenten Pfeil zu sehen. Vom Parkplatz aus sind es dann nur 900 Meter zu Fuß, dann endet der Pfad auf einer Aussichtsplattform. Die Lady Falls sind weder sehr hoch noch sehr breit. Aber sie wirken wunderbar verwunschen. Sie stürzen weiß und schäumend in einen schmalen Kessel aus Felswänden. Winzige Wassertröpfchen werden durch den Aufprall hochgeschleudert und ziehen in Wolken, wie Nebelschwaden, um uns her. Bis oben hin ist der Kessel voller Moose, Farne und niedriger Bodendecker, in denen es wie von Millionen Diamanten funkelt. Vom Grund wachsen einzelne Tannen empor. Sie drücken sich eng an die Felswände, um der Gewalt des herabstürzenden Wassers zu entgehen. Von schräg oben fallen Sonnenstrahlen in die Szene. Unter uns, wo der Fluss, der Cervus Creek, zwischen dicken Gesteinsbrocken verschwindet, steht ein halber Regenbogen.

Lady Falls

Cervus Creek

Gold River

Erst am Ende des Highway 28 taucht nahe der Ortschaft Gold River auch der gleichnamige Fluss auf. Er sieht so herrlich typisch kanadisch aus: ein breites, flaches Bett aus weißgrauen, rundgeschliffenen Steinen. Sein Wasser ist glasklar und changiert zwischen türkisgrün und hellblau. Es fließt in eiligen, strudeligen kleinen Wellen eifrig weiter und weiter den Fluss entlang. Wunderschön ist das! Schade nur, dass es hier gar keine Haltebuchten gibt, wo man parken und die Landschaft in sich aufnehmen könnte. Von Panoramastraßen wie dem Icefields Parkway in den Rocky Mountains kennen wir es anders. Dort gibt es alle naselang Points of View, an denen man aussteigen und die Aussicht bewundern kann. Oder wo man gar zum Flussbett hinunterkraxeln kann. Dann kann man einfach still stehen und schauen und andächtig schweigen. Irgendwie gibt es das am Gold River offenbar gar nicht. Wir sehen ihn immer nur von der Straße aus zwischen den Bäumen auftauchen und wieder verschwinden. Schließlich haben wir einen Parkplatz genutzt, der ziemlich nah an einer Brücke über den Fluss lag. Also, andächtig am Geländer einer befahrenen Brücke zu stehen, ist gar nicht so einfach!

Air Nootka Floatplane

Genau wie wir es geschildert bekommen hatten, fahren wir dann an den wenigen Häusern der Ortschaft Gold River vorbei. An der ersten nennenswerten Gabelung halten wir uns links und gelangen nach ein paar Minuten zum Hafen. Na ja, es handelt sich dabei vielmehr um eine Landzunge, die in das Muchalat Inlet, einen Fjord, hineinragt.

Muchalat Inlet

An der Straße liegen hauptsächlich Industrieanlagen. Sie gehören zu einer Sägemühle. Es gibt Werkstätten, Schuppen, Lagerflächen, Laster und Drahtzäune. Am äußersten Ende der Landzunge befindet sich linker Hand ein Anleger für Wasserflugzeuge. Die Firma heißt „Air Nootka", denn sie bringt ihre Passagiere über den Nootka Sound zur vorgelagerten Nootka Island und in andere entlegene Gebiete. Manche der Passagiere haben Gepäck dabei. Sie sind vielleicht unterwegs zu ein paar stillen Tagen weit draußen, wo kaum noch etwas ist außer Natur.

Etwas perplex stellen wir unser Auto am Straßenrand ab. Das war jetzt also der Weg nach Gold River, den man uns so wärmstens empfohlen hatte? Seen, an denen wir nicht entlang schlendern konnten, weil es dort keine Pfade gibt. Ein Fluss, an dem sich keine Haltebucht finden ließ, um ihn zu betrachten. Der Ort eine kleine Ansammlung von schlichten Häusern, und ein Hafen, der sich als eine Landzunge mit Industrieanlagen herausstellte. Hm. Aber dann ganz am Ende der Fahrt dieser Blick in den Fjord. Weite und Stille und unglaubliche Schönheit zum Genießen.

Auf der gegenüberliegenden Seite der Landzunge ist ein unscheinbares Schiff vertäut. Es ist das Passagier- und Frachtschiff „MV Uchuck III". Im Zweiten Weltkrieg hat es als Minensuchboot gedient. Später wurde es umgerüstet.

MV Uchuck III

Als Versorgungsschiff fährt es in den Nootka Sound und zur Friendly Cove. Das soll ein stiller, abgeschiedener Ort sein.

Eine Bucht von historischer Bedeutung. Hier hat Captain James Cook 1778 als erster Europäer den Boden der Westküste Kanadas betreten. Er hatte damals auf der letzten seiner drei großen Entdeckungsreisen den Auftrag, die Nordwestpassage zu finden. Einen Seeweg, der von Europa aus nördlich des amerikanischen Kontinents verlaufen und den Atlantischen mit dem Pazifischen Ozean verbinden sollte. Seit dem 15. Jahrhundert wurde bereits und immer wieder vergeblich nach diesem Durchgang gesucht. Er würde dem Handel mit Indien (Tee) und China (Porzellan) enorme Vorteile bringen. Er wäre sehr viel kürzer und allein schon dadurch in Kriegszeiten auch wesentlich sicherer. Der bis zu diesem Zeitpunkt üblichen Route nach Asien folgt Captain Cook, als er 1776 mit der „Resolution“ und der „Discovery“ aufbricht: Sie führt über Teneriffa, um Kapstadt herum, nach Tasmanien und Neuseeland. By the way entdeckt Cook noch Hawaii, bis er endlich Nordamerika erreicht. Von hinten durch die Brust ins Auge. Eine gewaltige Reise! Die Nordwestpassage wäre wirklich vorteilhaft gewesen. Aber Cook scheitert auf seiner Suche danach genau wie alle seine Vorgänger an unüberwindlichen Eismassen. Das Packeis gibt keine Durchfahrt frei. Zehn Monate lang sucht er an den Küsten und zwischen den Inseln Kanadas und Alaskas. Dann zwingen ihn die unwirtlichen Bedingungen, Stürme, Kälte und die ständige Kollisionsgefahr mit Eisbergen, die Hoffnung aufzugeben. Man segelt zurück nach Hawaii, wo Captain James Cook wenig später bei Unruhen den Tod findet.

Die erste Fahrt durch die Nordwestpassage gelang übrigens Roald Amundsen sehr viel später, 1903 bis 1906. Damals eine Heldentat. Heutzutage bleibt die Passage aufgrund der globalen Erwärmung häufig eisfrei.

Ja, und die Friendly Cove? Sie befindet sich an der Südküste von Nootka Island. Die „freundliche Bucht" bildet einen natürlichen Hafen. Frei von Felsen und Riffen kann sie sicher befahren werden. Hier geht James Cook auf seiner Expedition vor Anker. Bevor die Fahrt in den Norden beginnt, werden die beiden Schiffe noch einmal gründlich überholt und neue Vorräte aufgenommen. Friendly Cove, das in der Sprache der First Nations „Yuquot" heißt, ist das Zentrum des Territoriums der Mowachaht. Cook stellt als erster Europäer den Kontakt mit dem Stamm her. Er trifft sich mit Häuptling Maquinna, und die neu geknüpften Beziehungen sollen auf beiden Seiten sehr positive, respektvolle gewesen sein.

Friendly Cove ist also ein geschichtsträchtiger Ort. Wie gesagt, von Gold River aus mit dem Versorgungsschiff „MV Uchuck III" zu erreichen. Die Tour dauert sechs Stunden, worin ein anderthalbstündiger Landgang enthalten ist, während die Ladung gelöscht und neue aufgenommen wird. Es soll dort aber auch Cabins geben, die man mieten kann. Dann kann man in der Abgeschiedenheit der Insel wohnen, bis das Versorgungsschiff zurückkehrt.

Und da passiert es tatsächlich schon wieder: So wie wir auf unserer ersten Reise von Gold River gehört hatten, aber keine Gelegenheit bekommen hatten, es uns anzusehen, so hören wir jetzt auf unserer zweiten Reise von Friendly Cove und den Cabins. Aber weder fährt gerade die „MV Uchuck III", als wir dort sind, noch haben wir Zeit zu verweilen. Was bleibt uns anderes übrig? Wir haben einen neuen Plan. Wir müssen eben wieder kommen!

INFO

Touren mit dem Versorgungsschiff „MV Uchuck III" von Gold River :

- Nootka Sound Day Cruise: *getwest.ca/cruises/nootka-sound-cruise/*
- Kyuquot Overnight Adventure Cruise: *getwest.ca/cruises/kyuquot-adventure*
- Friendly Cove Daytrip: *getwest.ca/cruises/friendly-cove-cruise/*

WALE VOR TELEGRAPH COVE

Broughton Strait

WALE VOR TELEGRAPH COVE

Hidden Cove Lodge

Die Geschichte unserer allerersten Whale Watching Tour ist wieder einmal ein Kapitel aus dem Buch, das da heißt „Und dann kam alles ganz anders“. Wir hatten uns damals für vier Nächte in der Hidden Cove Lodge einquartiert. Sie liegt an der Ostküste Vancouver Islands zwischen Telegraph Cove und Port McNeill. Vom Highway 19 biegt man nach Telegraph Cove ab, irgendwo auf dieser Straße zweigt links ein Forstweg ab. Nur wer den Wegweiser zur Hidden Cove Lodge sucht, wird ihn überhaupt rechtzeitig sehen. Also plötzlich nach links, in den Wald hinein. Wo sich der Forstweg in eine Schotterpiste verwandelt, die verwegen hügelauf und -ab, um Kurven herum und durch Schlaglöcher in den Wald führt. Nach dreieinhalb Kilometern endet sie an einer Bucht, auf dem Parkplatz der Hidden Cove Lodge. Das ist ein heimeliges Holzhaus mitten in der Natur. Wo man in die Stille lauschen und durch große Panoramafenster aufs Meer hinaus schauen kann. Wo Schwarzbären am Ufer zwischen den Steinen nach Essbarem suchen (das „Klack-Klack“ der umgedrehten Steine höre ich am Morgen durch das geöffnete Fenster als erstes). In den Tannen sitzen Weißkopfseeadler auf Beobachtungsposten. Auf der Veranda toben typisch kanadische Vögel, die Stellar Blue Jays, und die Türen der Lodge sind stets geschlossen zu halten, damit sich die Waschbären nicht eingeladen fühlen. Ein wunderschönes Fleckchen Erde!

Panoramablick auf die Bucht

Schwarzbär

Weißkopfseeadler

Aber auf unserem Weg dorthin sind wir damals, von Telegraph Cove kommend, an der Abzweigung zur Hidden Cove Lodge erst einmal vorbei gefahren. Weil wir nämlich für den nächsten Morgen eine Whale Watching Tour vom nahe gelegenen Port McNeill aus gebucht hatten. Die Firma McKay hatte darum gebeten, sich am Tag vor der Tour noch einmal zu melden. Also, haben wir gedacht, fahren wir doch einfach kurz vorbei, dann wissen wir am nächsten Tag frühmorgens auch schon, wo wir hin müssen. Und dann kam, wie gesagt, alles ganz anders! Die McKays waren sehr froh, uns zu sehen. Sie hatten schon versucht, uns in der Lodge zu erreichen. Denn sie wollten uns mitteilen, dass ihr Boot am nächsten Tag für eine Gruppe Natives gebraucht würde, die eine Protestaktion gegen die umweltzerstörenden Lachsfarmen planten. Was genau sie da vorhatten, konnten wir so schnell nicht verstehen. (Später haben wir erfahren: Es war die gewaltfreie Besetzung der Lachsfarm auf Swanson Island, das eigentlich zum Territorium der First Nations gehört. Es war der Beginn der großen Protestbewegung „Swanson Occupation".) Der Besitzer von McKays meinte, wir sollten doch am nächsten Tag trotzdem einfach mitkommen. Es würde sicher ein spannender Tag werden. Es wären auch mehrere Chiefs der First Nations dabei, und ihren Protest sollte man unterstützen. Außerdem wäre es doch lustig, wenn wir abends alle zusammen im Gefängnis säßen.

Damit hat er uns ganz schön in Versuchung geführt! Kontakt zu den First Nations hatten wir uns schon lange erhofft. Und auch wir sind gegen Eingriffe ins Ökosystem, gegen Umweltzerstörung und Massentierhaltung mit all ihren abscheulichen Facetten. An der Protestaktion der First Nations teilzunehmen, wäre eine außerordentliche Gelegenheit. Andererseits, was haben Whale Watching Touristen bei einer politischen Aktion der Einheimischen zu suchen? Wäre es nicht etwas unpassend, sich da einzumischen?

Telegraph Cove Marina

Also haben wir uns für die andere Alternative entschieden: Wir haben unser Geld zurück bekommen, und die McKays haben uns bei einer anderen Tour angemeldet. Bei Stubbs in Telegraph Cove, wie geplant am nächsten Tag um 8:30 Uhr.

Telegraph Cove

Telegraph Cove ist wohl einer der berühmtesten Orte auf Vancouver Island. Und sicher auch einer der kleinsten. Sogar das Wort „Cove" in seinem Namen ist eigentlich schon übertrieben. Es ist kaum eine Bucht, sondern eher bloß eine schmale Ausbuchtung. Es ist auch eigentlich nicht einmal ein wirklicher Ort. Die es umgebenden Felsen stehen zu dicht am Ufer und sind zu steil, um dort Häuser bauen und eine Ortschaft wachsen lassen zu können. Man hat einfach einige Holzhäuser auf Stelzen ins Wasser gestellt. Nur wenige konnten noch in zweiter Reihe den Hang hinaufklettern. Rund um die Bucht, mal vor, mal hinter, mal zwischen den Gebäuden läuft der Boardwalk entlang. Damit es doch auch einen ordentlichen Weg gibt. Vor Telegraph Cove liegt ruhig und breit die Inside Passage. Wie still es hier ist! Von der Welt abgeschieden. Am Ufer gluckern kleine Wellen. Ein zarter Wind streicht über uns hinweg. Möwen und Raben diskutieren und können sich nicht einig werden. Ein Schiff fährt hinaus zum Whale Watching. Ab und an verlassen bunte Kajaks den Hafen oder kehren von einem Ausflug zurück. Im Winter hat Telegraph Cove zwanzig Einwohner!

Gegründet wurde der Ort Anfang des 20. Jahrhunderts. Damals verlief eine Telegrafenleitung an der Ostküste Vancouver Islands entlang. Diese kleine Bucht war einer der Orte, an denen ein Techniker zur Überwachung der Leitung dauerhaft stationiert war. Er hatte eine winzige Ein-Raum-Hütte und war der erste und für längere Zeit auch der einzige Bewohner von Telegraph Cove. Erst 1920 entstand dort im eigentlichen Sinne eine Ortschaft. Kanadische und japanische Investoren gründeten in nächster Nähe ein Sägewerk und eine Fischfabrik. Für die Arbeiter und ihre Famlien wurden damals die Holzhäuser auf Stelzen an den Rand der Bucht gebaut. Aber die Fabrik gibt es hier schon lange nicht mehr. Die Fangzahlen sind irgendwann so eingebrochen, dass sie geschlossen wurde. Heutzutage ist es der Tourismus, der die Menschen in Telegraph Cove und Umgebung ernährt. Die Stelzenhäuser sind liebevoll restauriert worden. Sie beherbergen Shops, Cafés und ein Walmuseum.

Boardwalk

Einige Hütten können sogar als Cabins zum Übernachten und für den Urlaub gemietet werden. Im Sommer kommen viele Besucher, um sich den berühmten Ort anzusehen. Auch wir haben Telegraph Cove so kennengelernt; im Sonnenschein und bunt und malerisch in die Bucht gestellt. Zwei Jahre später, als wir es wiedergesehen haben, wirkte es ganz anders. Was einfach nur am Wetter lag. Etwas trübselig, sag ich mal, bei dick bewölktem Himmel. Aus „malerisch“ war „morbider Charme“ geworden. Anscheinend verleidet der aufziehende Regen den Touristen den obligatorischen Ausflug hierher. Es lässt sich kaum jemand blicken. Das Restaurant ist leer. Niemand kauft Souvenirs. Eine Schlange Menschen in roten Michelinmännchen-Anzügen bricht zu einer Zodiaktour auf. Am Hafen selbst treiben sich einige Angler herum. Sie sind bereits mit reicher Beute vom Meer zurückgekehrt. An extra dafür aufgestellten Tischen auf den Bootsstegen können sie ihren Fang sofort zerlegen.

Rustic Cabins

Boardwalk

Zodiac Whale Watching Tour

Kopf, Gräte und Gekröse schmeißen sie zur Freude der Möwen ins Wasser. Ein Seehund flitzt heran, inspiziert, was es gibt und enthuscht, ohne aufgetaucht zu sein. Die brauchbaren Stücke spülen die Angler ab und ziehen mit gut gefüllten Kühltaschen heimwärts.

Und im Winter also ein Nest mit gerade einmal zwanzig Einwohnern. Eine bizarre Vorstellung!

Jedenfalls, Telegraph Cove lohnt immer einen Besuch. Wir sind bis jetzt dreimal da gewesen. Bei unserem ersten Mal hatten wir auf dem Weg zu unserer Hidden Cove Lodge einen Abstecher dorthin gemacht. Da lag der Ort hübsch und bunt im strahlenden Sonnenschein. Gleich am nächsten Tag sind wir unerwarteter Weise wiedergekommen. Zu unserer umgebuchten Whale Watching Tour mit Stubbs (allerdings gibt es die Firma mittlerweile nicht mehr. Sie sind von „Prince of Whales Tours“ aufgekauft worden). Da war es früh am Morgen, und der Regen strömte

Anglerglück wird registriert.

nur so herab. Was allerdings, man glaubt es kaum, sehr gut ist. Denn bei „schlechtem Wetter“ bekommt man im Allgemeinen mehr Tiere zu sehen. Denen ist es bei „gutem Wetter“ zu warm. Da ziehen sie sich lieber zurück. An diesem Schietweddertag damals haben wir so viele Wale gesehen – breathtaking! Als wir nachmittags von unserem Ausflug aufs Meer zurückkamen, hat es immer noch fleißig geregnet. Wir waren durch und durch gefroren. Wir haben uns schnell in den „Killer Whale Pub and Restaurant“ geflüchtet und uns mit einer köstlichen heißen Fischsuppe aufgewärmt.

Walfluke

Mein Leben lang schon bin ich fasziniert von Walen. Von ihrer gewaltigen Größe, die nicht wirklich vorstellbar ist. Und dass sie unter der Meeresoberfläche leben. Da, wo eine andere Welt existiert, die wir nicht sehen können. Die es aber schon weitaus länger gibt als unsere Welt an Land. Die Wale schwimmen durch die Meere, bleiben, ziehen weiter, kehren zurück. Sie haben ihre eigenen Ziele und Gedanken, dort im Ozean. Uns bleiben sie verborgen. Aber Wale sind Säugetiere, wie wir Menschen. Sie brauchen Luft, sie müssen atmen. So kommen sie in regelmäßigen Abständen an die Wasseroberfläche. Dann kann man sie sehen, und etwas von ihrem Geheimnis tritt hervor. Von diesen Momenten berichten all die Bilder und Dokumentationsfilme. Vom Auftauchen der Wale, ihrem Sichtbarwerden. Wie sie bei der Jagd nach Fischen oder einfach nur so aus dem Wasser springen. Wie schaffen sie das nur, bei ihrer unglaublichen Größe?

Buckelwal

Orca mit Nachwuchs

Wie beeindruckend sie sind! Immer schon habe ich davon geträumt, einmal in Wirklichkeit Walen zu begegnen. Sie tatsächlich zu sehen. Wie sie auftauchen und schwimmen. Nah bei mir. Sie und ich am selben Ort.

Und heute habe ich sie zum ersten Mal tatsächlich gesehen! Das ist ja einer der faszinierenden Punkte von Vancouver Island, dass rund um die Insel die verschiedensten Arten von Walen vorkommen. Jede Menge Gelegenheiten, diesen Traum endlich wahr werden zu lassen. Das war eines unserer erklärten Reiseziele. Und es ist wirklich geschehen: Wir haben Wale gesehen! Das heißt, zuerst einmal haben wir, auf den der Küste vorgelagerten Felsen und Inseln, Robben und Seelöwen beobachten können. Nach einiger Zeit Fahrt, hinaus auf die Johnstone Strait, habe ich dann die erste Fluke entdeckt. Kaum registriert, war sie verschwunden. Abgetaucht. Aber wir hatten das große Glück, auf unserer Tour ungewöhnlich viele Wale zu sehen. Buckelwale zumeist. Man wusste gar nicht, wohin man seine Blicke zuerst lenken sollte. Rund um uns, soweit das Auge reichte, sind Wale gewesen. Es ist genauso, wie man es von Bildern und aus Filmen kennt. Genauso gewaltig und atemberaubend. Aber in der Realität kommt noch dazu, wie unglaublich spannend das ist. Man weiß ja nie, wo einer auftaucht. Aus welcher Richtung man den nächsten Blas hören wird. Wie der dazugehörige Wal sich zeigen wird. Und, wenn er wieder abgetaucht ist, wo er beim nächsten Mal an die Oberfläche kommen wird. Das ist so aufregend!

Alison, die unsere Tour als Guide begleitet hat, hat uns ein untrügliches Zeichen beigebracht: Überall auf dem Wasser schwimmen friedliche Kolonien von Vögeln. Sie lassen sich von den Wellen schaukeln und warten. Auf den nächsten, dicht unter der Meeresoberfläche schwimmenden Fischschwarm. Naht er, werden die Vögel unruhig. Sie fliegen auf, stoßen herab, jagen nach den Fischen. Ein Schwarm unruhiger Vögel zeigt also einen Schwarm Fische an. Und zeigt zugleich, wo demnächst unter Garantie ein Wal auftauchen wird. Im wahrsten Sinne des Wortes. Auch Wale sind ja stets auf der Suche nach Fischschwärmen. Entdecken sie einen, brauchen sie nur noch ihr gewaltiges Maul aufzusperren und einmal quer hindurch zu schwimmen, um eine große Ladung in ihren Magen zu bekommen. Oder sie tauchen mit weit geöffnetem Maul aus der Tiefe auf, springen empor – und versinken wieder. In dem Moment, in dem alle Vögel gleichzeitig auffliegen, wird der Wal sichtbar werden. Man muss nur die Vögel beobachten und Geduld haben.

Ja, für uns Mitteleuropäer sind solche Whale Watching Touren unvergleichliche Erlebnisse. Atemberaubend und aufwühlend. Wann haben wir schon einmal die Gelegenheit, Walen zu begegnen? Für die Kanadier dagegen, zumindest für die Bewohner von Vancouver Island, wenigstens für einige von ihnen, ist es völlig alltäglich, irgendwo Wale herumschwimmen zu sehen. Wie der Mitarbeiter in der Tourist Information in Port McNeill so flapsig meinte: „Ach, na ja, Wale. Wenn ich hier aus dem Fenster heraus aufs Wasser schaue, sehe ich ziemlich oft welche. Die sind ja nun mal da. Ich finde, wenn sie bereits eine Whale Watching Tour mitgemacht haben, brauchen Sie nicht noch mal eine zu buchen. Hat man einen Wal gesehen, kennt man sie alle, oder?“

INFO

Übernachten:

- Hidden Cove Lodge: wunderschön gelegen, etwa zwölf Kilometer von Telegraph Cove entfernt; 1 Hidden Cove Road, Lewis Point, Telegraph Cove, BC V0N 2R0, *hiddencovelodge.com*

Whale Watching:

- MacKay Whale Watching: 1514 Broughton Blvd, Port McNeill, BC V0N 2R0, *whaletime.com*
- Prince of Whales: 1610 Telegraph Cove Road, Telegraph Cove, BC V0N 3J0, *princeofwhales.com/telegraph-cove*

Hinweis:

Am Silvestertag 2024 gab es in Telegraph Cove leider einen Brand auf dem historischen Boardwalk, der einen Teil der Anlage zerstörte. Inzwischen wird intensiv daran gearbeitet, den betroffenen Steg und die Gebäude wieder herzustellen. Die übrigen Teile von Telegraph Cove sind weiterhin in Betrieb. Aktuelle Infos unter *telegraphcoveresort.com*

BEI DEN GRIZZLYS IM THOMPSON SOUND

Grizzly beim Lachsfischen

BEI DEN GRIZZLYS IM THOMPSON SOUND

Ein Sprichwort sagt: „Wovon das Herz voll ist, davon geht der Mund über." Genau das ist es, worum es bei der Reiseschriftstellerei geht. Man streift durch die Weltgeschichte, besucht ferne Länder, die man bisher nur aus Erzählungen, von Bildern und aus Filmen kannte. Irgendetwas verlockt einen, sich auf den Weg zu machen, um sie tatsächlich kennenzulernen. Um dort zu sein und alles mit eigenen Augen zu sehen. Oft stellt man dann fest, dass es in Wirklichkeit noch viel schöner ist, als man es sich vorgestellt hatte. Mit Kanada geht es uns so. Ob es die Berge und Flüsse, die Wälder und Seen, die Ebenen oder das Meer sind – diese weite, menschenleere Natur, so hautnah, ist einfach überwältigend! Und überall kann man interessanten Tieren begegnen und sie in ihrem natürlichen Lebensraum beobachten. Jeder Tag auf einer Reise durch Kanada ist ein Abenteuer! Man tritt morgens aus der Lodge oder dem Blockhaus und ist schon wieder gespannt, was es alles zu sehen und zu erleben geben wird. Mein Mann fotografiert und ich schreibe. Wo wir gehen und stehen, halten wir fest, was uns begegnet. Tagsüber, während wir unterwegs sind. Aber auch abends, auf dem Balkon oder auf dem Sofa vor dem Kaminfeuer lässt es sich herrlich schreiben und Bilder bearbeiten. Das ist so unsere Vorstellung vom perfekten Leben.

Sea Wolf Adventures

Seit wir uns kennen machen wir das: zusammen reisen und darüber berichten. Inzwischen sind wir ein eingespieltes Team. Aber so gut wir uns auch ergänzen, gibt es doch Momente ... Bilder können vieles abbilden und berichten. Doch für manche Geschichten braucht es erzählende Worte. Andersherum gibt es Orte, deren Schönheit lässt sich nur mit dem Auge erfassen, nicht beschreiben. Und es gibt Erlebnisse, die sind so außergewöhnlich, dass ich nur noch schweigend auf das Wunder sehen und erst mal gar keine Worte dafür finden kann.

So ging es mir mit dem Tag, an dem wir von Vancouver Island mit einem Boot zum Festland hinübergefahren sind. Dort leben im Regenwald Grizzlybären. Es war September, und der Zug der Lachse zu ihren Laichplätzen hatte begonnen. Die Lachse strömen vom Meer her kommend die Flüsse hinauf. Zu Tausenden. Bären und Adler warten schon auf sie und halten Festmahl. Da haben wir mitten im Wald an einem Hang zwischen den Bäumen gehockt. Gerade mal vielleicht fünfzig Meter vor und unter uns das Ufer eines breiten, schäumenden Flusses,

„Andy"

„Roy"

in dem die Lachse sprangen. Und wo Grizzlys auf sie Jagd machten. Auf unserer Seite des Flusses, direkt vor uns, waren zwei große männliche Tiere und auf der gegenüberliegenden Seite eine Mutter mit drei Kleinen. Was für ein Anblick! Nur während der Lachssaison kommen sich Bären so nahe. Sonst sind sie Einzelgänger. Selbst die Bärinnen kümmern sich nur so lange um ihren Nachwuchs, bis er für sich selbst sorgen kann.

Wir haben da am Hang zwischen den Bäumen gehockt, bewegungslos und still. Wie lange? Keine Ahnung. Eine halbe Stunde oder eine ganze oder zwei? Man hat völlig das Gefühl für die Zeit verloren, nur noch geschaut. Im Tosen des Flusses dagesessen und den Grizzlys zugesehen. Wir konnten uns von ihrem Anblick auch ganz in Bann schlagen lassen, weil wir gut geschützt waren. „Wir", das waren ein Paar aus Chicago, eins aus Texas und wir beide aus Deutschland. Die für unsere Sicherheit gesorgt haben, das waren K'odi und Harry, zwei Natives von der Firma Seawolf Adventures, mit denen wir diesen Tagesausflug gemacht haben. In der Nähe des Flusses haben wir dann noch Jacob getroffen. Er wohnt dort von April bis Oktober in einer Hütte, erkundet die Gegend und weiß immer, wo gerade der beste Platz ist, um die Grizzlys beobachten zu können.

Erfolgreiche Jagd

Diese drei, K'odi, Harry und Jacob, haben uns an den Fluss und zu unserem Beobachtungsposten begleitet. Während wir im Anblick der fischenden Bären versinken durften, waren sie wachsam. Die ganze Zeit hatten sie die Umgebung im Blick und haben sich mit Zeichen und leisen Worten verständigt. Das war auch nötig,

Grizzlymutter mit drei Jungen

denn die Bären wussten sehr wohl, dass wir da waren! Zwei von ihnen sind ja nur wenige Meter von uns entfernt am Ufer des Flusses hin und her gegangen. Einer von ihnen hat sich gelegentlich umgewandt und zu uns herüber gesehen. Einmal hat er sogar drohend den Kopf gehoben und gewittert. Da haben unsere Guides uns leise auf die Schulter getippt und uns etwas tiefer zwischen die Bäume gewinkt. Das hat schon gereicht, um die Situation zu entschärfen. Aber das war ein Moment, gewaltiges Herzklopfen zu bekommen! Mitten in der Wildnis Tiere zu beobachten, ist großartig und das Tollste überhaupt! Aber es sind eben doch wilde Tiere. Man muss den Sicherheitsabstand einhalten, stets Vorsicht walten lassen und den Tieren in ihrem Territorium mit Respekt begegnen. Beachtet man diese Regeln, darf man sich in ihrer Nähe aufhalten und ihnen zusehen. Ein unvergleichliches Erlebnis! Während wir da am Hang saßen, hat uns K'odi vorsichtig zugeflüstert: „Are you happy?“ Ich konnte ihn nur mit großen Augen ansehen und stumm nicken. Worte hatte ich nicht.

Unsere Tour startete an diesem Tag in Port McNeill. Das liegt im Norden von Vancouver Island, zur Festlandseite hin. Wir sind mit dem Boot von Seawolf Adentures direkt am Anleger unserer Hidden Cove Lodge abgeholt worden. Morgens um sieben schon. Dann sind wir über die Queen Charlotte Strait zum Festland hinübergefahren, in den Thomson Sound. Dort sind wir an Land gegangen. Bevor wir losmarschiert sind, durch den Wald zum Fluss, gab es erst einmal genaue Anweisungen: „Wir betreten jetzt das Land der Bären. Alle bleiben zusammen und gehen in einer Reihe hintereinander. K'odi vorne, Harry hinten. Alle halten Augen und Ohren offen. Sieht jemand einen Bären oder sonst etwas Auffälliges, sagt er mit ruhiger Stimme: ‚Stopp!‘ Dann halten alle an, stellen sich nah zusammen und warten ab. Wir sollen auf Harry und K'odi achten und im Fall des Falles genau das tun, was sie sagen und zwar sofort.“

Dann ging es wirklich los. Erst ein Stück zu Fuß. Vom Ufer aus durch leichtes Schilf und Dickicht, durch ein ausgetrocknetes Flussbett bis zu einer Lichtung, auf der zwei altersschwache Jeeps geparkt waren. Mit denen ging es auf schmalen, überwucherten Wegen mitten durch den Wald. Am Ende des Weges wurden die Jeeps einfach im Busch abgestellt. Es ging zu Fuß weiter durch die Wildnis.

Immer wieder wurde unser Pfad gekreuzt von anderen Pfaden, die wie Tunnel aus dem Grün kamen und auf der anderen Seite des Weges wieder darin verschwanden. Bärenpfade! K'odi und Harry (und wir natürlich auch) haben vorsichtig in jeden Gang hineingesehen, damit wir nicht unerwarteten Gegenverkehr bekommen hätten.

Die Jungtiere werden Cubs genannt.

An einer Stelle mussten wir uns mit einem Kahn an einer Leine über einen Wasserlauf hangeln. Unsere Wanderung durch den Regenwald endete an einer Lichtung hoch über einem Fluss, bei Jacobs Hütte.

Glücklicherweise sind wir weder auf dem Hin- noch auf dem Rückweg in brenzlige Situationen geraten. Obwohl – als wir auf dem Rückweg schon fast wieder am Ufer und bei unserem Boot waren, kamen wir an einem Schilfgürtel vorbei. Da hob K'odi plötzlich die Hand und sagte ganz ruhig: „Stopp! So, wir machen jetzt alles wie besprochen. Ihr kommt alle dicht hinter mich. Wir bleiben hier stehen und verhalten uns still. Da vorne sind Grizzlys." Und wirklich, nur wenige Meter links vor uns verschwand gerade ein Junges zwischen den Schilfhalmen. Etwas weiter entfernt hob sich kurz der Kopf der Mutter aus dem Gebüsch, um wachsam zu uns herüber zu schauen. Dann verschwanden die beiden mit leisem Rascheln im Gestrüpp. Wie gut, dass wir unsere aufmerksamen Guides dabei hatten; ohne sie hätten wir die beiden Grizzlys gar nicht bemerkt oder uns eine Menge Ärger eingehandelt.

INFO

Bärenbeoachtung:

- Sea Wolf Adventures: 1514 Broughton Blvd, Port McNeill, BC V0N 2R0, seawolfadventures.ca

Die Firma Sea Wolf Adventures, mit der wir auf unseren beiden Vancouver-Island-Reisen mehrfach Kontakt hatten, wird in der Geschichte „Alert Bay" genauer beschrieben. Sie bieten dort unterschiedliche Touren an, in denen mal Tierbeobachtungen, mal die Natur rund um Port McNeill und mal die Kultur der First Nations den Schwerpunkt bilden. Hat man Glück mit den Guides, erzählen sie obendrein auch noch eine Menge Wissenswertes über Geschichte, Politik und die Philosophie ihres Volkes.

SOMMER IM KNIGHT INLET

Lagoon Cove Marina

SOMMER IM KNIGHT INLET

Nachdem unsere erste Tour zu den Grizzlys beim ersten Mal auf Vancouver Island eine so atemberaubende Erfahrung für uns gewesen war, wollten wir das Erlebnis natürlich wiederholen. Wir haben erneut bei Sea Wolf Adventures in Port McNeill gebucht und dann irgendwie erwartet, dass der Tag genau so ablaufen würde, wie wir ihn vom ersten Mal in Erinnerung hatten. Das war ein typischer Anfängerfehler. Erlebnisse lassen sich nicht replizieren! Erstens sowieso nicht. Jeder Tag ist ein Unikat und hält seine ganz eigenen Überraschungen und Abenteuer bereit. Nichts kann jemals genau so sein, wie man es irgendwann anders schon einmal erlebt hat, nicht wahr?

Muschelernte

Zweitens hatten wir nicht bedacht, dass der Zeitpunkt, zu dem man eine Reise unternimmt, einen gewaltigen Unterschied ausmachen kann. Bei unserem ersten Aufenthalt auf Vancouver Island war es Herbst gewesen. Mitte September. Die Wanderung der Lachse zu ihren Laichplätzen war in vollem Gange. Zu Tausenden waren sie aus dem Meer hergezogen und schwammen die Flüsse hinauf ins Landesinnere. Genau dort waren damals natürlich auch die Grizzlys zu finden gewesen. Um sie beim Lachsfischen zu beobachten, mussten wir uns auf abenteuerliche Weise unseren Weg durch den Regenwald bahnen.

Perfekte Tarnung

Unsere zweite Reise fand Mitte August statt. Ein Unterschied von nur vier Wochen. Aber ein völlig anderes Szenario. August bedeutet Sommer auf Vancouver Island. In den Flüssen finden sich noch keine Lachse in nennenswerter Zahl. Darum haben die Grizzlys zu dieser Jahreszeit eine andere Hauptnahrungsquelle: Muscheln. Überall an den Ufern kratzen sie sie bei Ebbe mit den langen, scharfen Krallen ihrer Tatzen von den Felsen. Sie fressen und zermahlen das Essbare gleich mit den Schalen zusammen. Wer also im Sommer auf Grizzlytour geht, fährt meist mit einem Boot zwischen den Inseln herum und in die Inlets hinein. Vom Boot aus werden dann mit dem Fernglas die Ufer abgesucht, um Bären zu entdecken und sie bei der Muschelernte zu beobachten. Das ist eine ganz andere Art von Tour. Das hätten wir eigentlich wissen und bedenken können.

Was uns im Schatz unserer Grizzlybeobachtungserfahrungen noch fehlt, wäre eine Tour im Frühling. Dann bietet das frische, hohe Gras der Niederungen und im Delta der Flüsse reiche Nahrung für die Bären. Sie verlassen gemeinsam mit ihren Jungen die Winterquartiere und tun sich an Gräsern und Kräutern gütlich. Ist es nicht erstaunlich, dass so große, ausgehungerte Tiere davon überhaupt satt werden können?

In der Nacht vor unserer Grizzlytour haben wir nicht besonders gut geschlafen. Denn jedes Mal, wenn wir zwischendurch aufgewacht sind, haben wir den Regen auf das Dach unserer Hütte im Cluxewe Resort prasseln hören. Die ersten zehn Tage auf Vancouver Island hatten wir tolles, sonniges Sommerwetter gehabt. Und ausgerechnet bei der Grizzlytour, auf die wir uns so gefreut hatten, sollte es nun schütten wie aus Eimern? Bisher hatten wir doch noch jedes Mal Glück gehabt. Bei jedem Ausflug das passende Wetter. Sollte unsere Glückssträhne etwa auch einmal vorbei sein? Bei jedem Aufwachen in dieser Nacht trösten wir uns mit dem Gedanken, dass der strömende Regen ja vielleicht morgens aufgehört haben würde. Aber als um viertel nach fünf der Wecker klingelte, trommelten die Tropfen noch immer auf das Dach. Also den Rucksack umpacken. Alles, was nicht unbedingt mit muss, raus. Alles, was nicht nass werden darf, nach innen. Und alle warmen Klamotten in Schichten unter die Regensachen gezogen, denn auf dem Boot würde es bei diesem Wetter sicher empfindlich kalt werden.

Die Guides halten Ausschau.

Buckelwal ...

Um sieben Uhr morgens sollte es losgehen. Also Treffpunkt um halb sieben im Büro von Sea Wolf Adventures im Hafen von Port McNeill. Als wir die Tour vor zwei Jahren mitgemacht hatten, war die Firma ganz neu. Sie hatten damals ein kleines, aber starkes Boot, auf das gerade sechs Gäste und zwei Guides passten. Seit Anfang dieser Saison gab es nun ein neues Boot. Die „Mayumi", die Platz für zwölf Gäste bietet. Aber eine Gemeinsamkeit gibt es zwischen den beiden Booten: die gewaltigen Außenbordmotoren, mit denen es auch gleich mächtig losging. Wir mussten uns an die Geschwindigkeit und das Durchgerütteltwerden erst einmal gewöhnen. Immerhin, der Regen hatte nachgelassen. Es tröpfelte nur noch ein wenig.

... auch Humpback genannt

Wir sind gar nicht lange auf der Broughton Strait unterwegs, da entdecken wir den Blas eines Wales. Unser erster Buckelwal an diesem Tag! Sofort wird die Geschwindigkeit gedrosselt. Langsam und mit deutlich leiseren Motoren fahren wir etwas näher an das Tier heran. Dann schaltet Steven die Motoren ganz ab. In der Stille des frühen Morgens beobachten wir, was geschieht. Der Wal schwimmt durch die Strait. Sein Ausatmen ist gut zu hören. Wo kommt er hoch? Wie viel von ihm wird zu sehen sein? Und wenn er abtaucht, zeigt er seine mächtige Schwanzflosse? Wo wird er das nächste Mal erscheinen? Plötzlich hören wir in der Stille den Blas eines zweiten Wales. Unsere Augen leuchten vor Aufregung. Die meisten von uns haben zwar schon Wale gesehen, aber der Zauber einer solchen Begegnung verliert sich wohl nie.

Futtersuche

Erst als die Tiere endgültig abgetaucht sind, lässt Steven das Boot wieder an und fährt weiter. Bis Harbledown Island. Von dort in die Baronets Passage und den Clio Channel. Zwischenstopp an der Lagoon Cove Marina. Das ist eine langgestreckte Bucht mit einer Handvoll Häusern und einem Anleger. Gelegenheit für uns, die Washrooms aufzusuchen. Gelegenheit für Bootsbesitzer, die tage- oder wochenlang auf dem Wasser unterwegs sind, zu duschen und zu tanken. Es ist ein winziges, unscheinbares Nest. Doch wenn der Frühstückskaffee anfängt zu drücken, gewinnt Lagoon Cove mehr und mehr an Strahlkraft und Bedeutung.

Akrobatische Muschelernte

Als wir nach einer Weile weiterfahren, bricht doch tatsächlich die Sonne durch! „Sunny side up“, gewissermaßen. Wieder einmal bekommen wir beiden Glückskinder das passende Wetter für unseren Ausflug. Mehr als das, weit mehr als das. Denn plötzlich heißt es „Maschinen stopp – ein Bär!“ Wir hatten alle natürlich die ganze Zeit über Ausschau nach Bären gehalten. Nun soll einer zu sehen sein … wo denn? Erst allmählich entdecken wir ihn. Einer zeigt ihn dem anderen. Wie perfekt seine Tarnfarbe funktioniert! Ein schwarzer Bär ist vor den nassen, dunklen Felsen der Uferkante und unter dem Schatten der Bäume wirklich kaum zu sehen. Ebenso, eine Weile später an einem anderen Ort, ein Grizzly. Er ist braun mit einem hellen Sattel auf dem Rücken. Und er steht am Ufer einer Insel, wo die Felsen mit braunen Algen bedeckt sind und gelegentliche helle Flecken aus Seepocken aufweisen. Der doch eigentlich beachtlich große Körper des Bären ist aus einiger Entfernung kaum auszumachen. Die perfekte Tarnung! Wie gut, dass Cherry und Steven, unsere Guides, sie mit geübtem Auge entdecken. Wären wir allein unterwegs, hätten wir die Tiere wahrscheinlich nicht einmal bemerkt und wären an ihnen vorbei gefahren.

Wal im Abendlicht

Jedes Mal, wenn wir ein Tier entdecken, fahren wir vorsichtig bis auf wenige hundert Meter heran. Die Tiere sollen schließlich möglichst wenig gestört oder gar vertrieben werden. Dann wird der Motor ausgestellt. Still in der Dünung schaukelnd beobachten wir. Ganz in Ruhe, ohne jegliche Eile (was natürlich besonders für die Fotografen unter uns ein Segen ist). Diese friedvolle Stille tut unglaublich gut. Und wie bewegend ist es, all diese Tiere einmal live in ihrem natürlichen Lebensraum zu sehen und ansehen zu können!

Zum Lunch (es gibt Sandwiches mit Salat und Chips an Dosenlimo) machen wir Halt in Glendale Cove, im Knight Inlet. Die Bucht ist wunderschön! Das Wasser spiegelglatt und von einem hellen, leuchtenden Grün. Schwärme von Möwen haben sich auf der Oberfläche niedergelassen und lassen sich sanft schaukeln. Sie scheinen, wie wir, eine Pause zu machen – von was auch immer. Zwischen den Gipfeln der bewaldeten Berge rings um uns her taucht eine Schar Kanadagänse auf und zieht über unseren Köpfen vorüber. Wir befinden uns mitten in einem Postkartenmotiv.

Alternative: Tour mit dem Zodiak

An diesem Ort treffen wir auf zwei andere Boote, die bereits auf uns gewartet haben. Eins davon ist etwas größer als unsere „Mayumi“ und hat zwei Zodiacs für uns hergeschleppt. In die steigen wir nach dem Essen um. Wir fahren noch tiefer in die verzweigten Arme des Inlet hinein und entdecken weitere Grizzlys. In dem zweiten, sehr viel kleineren Boot saßen nur zwei Männer und ihr Guide, die sich uns bei dieser Runde durch die flacheren Gewässer anschließen wollten.

Seelöwenkolonie

Das Beste ist, selbst als wir irgendwann wieder vom Zodiac auf unser Boot umsteigen und uns auf den Rückweg machen, liegen noch viele aufregende Begegnungen mit Tieren vor uns. Seehunde, Weißkopfseeadler, Wale, eine Kolonie stattlicher Seelöwen, Delfine und eine Gruppe von etwa zwanzig Orcas (sogar mit einem Jungtier!), die wir lange beobachten können. Es bleibt spannend bis zum Schluss.

Orcafamilie

INFO

Bärenbeoachtung: *grizzlytours.com/*

Übernachten:

- Cluxewe Resort: Das Cluxewe Resort ist uns in bester Erinnerung geblieben. Wir hatten eine Cabin, die zwar nur aus einem Raum plus Bad bestand. Aber durch die Eingangstür und das Fenster daneben konnten wir direkt über die Veranda auf die Brougton Strait hinaus schauen: eine Cabin direkt am Strand! Das war Writing Like Hemmingway! 1 Cluxewe Campground Road, Port McNeill, BC V0N 2R0, *cluxeweresort.com*

ALERT BAY

Fähre Alert Bay – Port McNeill

ALERT BAY

Bei unseren Reisen durch Kanada sind wir immer wieder auf Reservate gestoßen. Gebiete, Plätze und Siedlungen, in denen nur Natives leben. Manchmal merkt man es allein daran, dass die Land- oder Straßenkarte einen Hinweis darauf liefert. Andere Orte fallen dadurch auf, dass sie abgelegen sind, irgendwie für sich bleiben und manchmal auch ärmlich wirken. Gelegentlich ist ein Reservat aber tatsächlich komplett von einem Zaun umgeben.

Entstanden sind die Reservate, als im Zuge der europäischen Besiedelung Kanadas (das war auf Vancouver Island ab etwa 1870 der Fall) die Ureinwohner des Landes zunehmend verdrängt, vertrieben und entrechtet wurden. Irgendwann war es ihnen nur noch erlaubt, an diesen wenigen Orten und unter ihresgleichen zu leben. Selbstverständlich gelten solche diskriminierenden Vorschriften heutzutage nicht mehr. Aber wie es bei der Ghettoisierung oft der Fall ist, wird diese nun von den Betroffenen zum Teil aus freien Stücken beibehalten. Der Zusammenschluss der Gruppe und ihre räumliche Trennung von einer feindseligen Umgebung bieten einen gewissen Schutz vor Vorurteilen und tiefverwurzelter Ablehnung. Darum tut man als Tourist im Allgemeinen gut daran, um die Reservate der First Nations einen respektvollen Bogen zu machen und sie nicht ungebeten zu betreten.

Auch Alert Bay ist zum Teil Reservatsgebiet. Der Ort liegt auf der kleinen Cormorant Island, nahe Port McNeill in der Broughton Strait. Hier befindet sich das Zentrum des traditionellen Territoriums der 'Namgis First Nation. Es reicht vom Nimpkish Lake bis hinüber nach Port McNeill. Die 'Namgis gehören zu den Kwakwaka'wak First Nations im Norden Vancouver Islands. Um die 1900 Mitglieder zählt ihr Volk. Etwa 1300 davon leben auf Cormorant Island. Alert Bay gilt übrigens als die älteste Ortschaft Vancouver Islands, und die Fischereiwirtschaft war von Anbeginn an ihre wichtigste Erwerbsquelle. „Alert Bay – Home of the killer whale", weil es hier die weltweit größte Dichte von Orcas gibt.

Kunst als Ortsschild

Die Firma Seawolf Adventures in Port McNeill ist der erste und bisher wohl auch noch einzige Touranbieter, dessen Besitzer und Mitarbeiter durchweg Natives sind. Sie wollen sich am Tourismusgeschäft beteiligen. Einerseits, um für ihre eigenen

Leute gute und sichere Arbeitsplätze zu schaffen. Andererseits, so hat uns einer unserer Guides auf unserer ersten Reise erklärt, geht es darum: Dieses Land ist immer schon ihr Land gewesen. Seit tausenden von Jahren leben die First Nations hier. Kommen nun Gäste aus aller Welt, wollen sie es ihnen endlich auch selbst zeigen. Die Natur, die Tiere und auch ihre eigene Kultur. Sie wollen ihren Schatz an Erfahrungen weitergeben und ihre Philosophie vermitteln. Das liegt sicher nicht jedem Guide und gelingt nicht mit jeder Touristengruppe. Aber wenn, dann ist es ein ganz besonderes Erlebnis.

Auf der Überfahrt

Wir interessieren uns sehr für die Kultur und Philosophie der First Nations. Um noch mehr darüber zu erfahren, hatten wir eine „Wildlife and Culture Tour" gebucht. Einer ihrer Programmpunkte sollte sein, Alert Bay kennenzulernen und das dortige Museum, das U'mista Culture Centre, zu besuchen. Doch dann musste die Tour kurzfristig abgesagt werden, weil es technische Probleme mit dem Boot gab. Was nun? Enttäuscht und etwas ratlos sind wir in die Tourist Information hinübergegangen, um uns nach Alternativen zu erkundigen. Der Mitarbeiter dort riet uns, einfach allein nach Alert Bay zu fahren. Ja, Cormorant Island ist ein Reservat, aber Besucher sind dort herzlich willkommen. Es gibt eine Fähre, die etwa alle zwei Stunden von Port McNeill aus hinüberfährt. Eine knappe Dreiviertelstunde dauert das. Nein, das Auto braucht man nicht mit hinüberzunehmen, denn die Insel ist recht klein. Knapp fünf Kilometer (drei Meilen) lang und 800 Meter (etwa eine halbe Meile) breit. Da erreicht man alles bequem zu Fuß. Den Fahrplan der Fähre, einen Stadtplan von Alert Bay und Infomaterial über das Museum bekommen wir in die Hand gedrückt. Schon kann es losgehen.

Anleger Alert Bay voraus

Uferpromenade

„Protect wild salmon!"

Was ließe sich über eine Fahrt mit der Fähre im strahlenden Sonnenschein sagen? Mit mächtig Wind in den Haaren auf dem Oberdeck stehen; unten das leuchtend blaue Wasser der Broughton Strait; rundherum bewaldete Inseln; darüber immer wieder Weißkopfseeadler. Natürlich war die Überfahrt viel zu schnell vorbei!

Auf Alert Bay war unser erstes Ziel das Museum. Es ist wirklich leicht zu finden. Einfach vom Anleger aus nach links dem Weg am Strand entlang folgen. Die Straße heißt Front Street. Sie zieht sich von Nordwesten nach Südosten am Ufer von Cormorant Island entlang. Gelegentlich biegen schmale Straßen von ihr ab und schlängeln sich den Hügel hinauf ins Innere der Insel. Eine davon führt zum Museum. Eigentlich ein Fußweg von zehn Minuten. Aber schon gibt es etwas zu entdecken! An der Uferpromenade sind in Abständen Pavillons aufgestellt. Jeder trägt an seiner Stirnseite ein geschnitztes, bunt bemaltes Bild. Als Europäer würde ich sagen, sie erinnern an Wappen. Worum es sich tatsächlich handelt, erklären die jeweils dazu gehängten Infotafeln. Wir haben hier beides nebeneinander abgebildet und die Texte der Einfachheit halber übersetzt:

Gilakas'la: Willkommen!
Diese Bauten werden „awakwas" genannt. Es gibt fünf davon entlang des Ufers. Jede trägt das geschnitzte Bildnis eines der Vorfahren der 'Namgis. Sie waren der Ursprung der 'Na'mima, was „die, die von einer Art sind" bedeutet. Andere indigne Gruppen würden dafür das Wort „Clan" benutzen.

Der Clan der T'sit'satwalagame'

Ihr Name lautet übersetzt „Die Berühmten". Ihr Vorfahre ist Namxelagayu, ein mächtiges Seemonster.

Zur Zeit der großen Flut tauchte ein riesiges Seemonster mit dem Namen Namxelagayu („Nur eines wird erscheinen") vor dem ersten Menschen auf, der am Ufer entlang ging. Namxelagayu sah aus wie ein Heilbutt. Auf seiner Stirn hatte er einen Quarzkristall. Daran konnte man seine übernatürlichen Kräfte erkennen. Alle T'sit'satwalagame stammen von diesem ersten Menschen ab.

„T'sit'satwalagame' "

Der Clan der T'lat'la'lamin

Ihr Name lautet übersetzt „Die Unterstützer". Ihr Vorfahre ist T'lat'la'lamin, der jüngere Bruder des Donnervogels. Man nennt ihn auch Ku'lus. Sein Kopf und sein Körper sind mit einem dicken Daunenkleid bedeckt.

„T'lat'la'lamin"

„Die Wolken waren das Dach seines Hauses und über ihnen war die Sonne", beginnt die Geschichte von T'lat'la'lamin. Nachdem die große Flut gekommen war und alle Menschen getötet hatte, flog T'lat'la'lamin in den Himmel und kehrte als Ku'lus zurück. Er wollte tanzen, aber er hatte niemanden, mit dem er hätte tanzen können. Da lud er seinen Freund Xixam'glyu ein. Der fing einen Schwarm Möwen und verwandelte sie in Menschen. Alle T'lat'la'lamin stammen von diesen ersten Menschen ab.

Der Clan der Gilgal'gam

Ihr Name lautet übersetzt „Die Ersten". Ihr Vorfahre ist der Donnervogel, ein übernatürlicher Vogel. Er sieht aus wie ein Adler, aber er ist groß genug, um einen Grauwal emporzuheben.

„Gilgal'gam"

„Sisant'le"

Xwa'xwas fällte hohe Zedern und schleppte sie an den Strand, um ein Haus zu bauen. Kwankwanxwaliga'yi, ein großer Donnervogel, kam, um ihm zu helfen, die riesigen Stämme zu heben. Xwa'xwas sagte: „Ich wünschte, du wärest ein Mensch und würdest mir helfen, mein Haus zu bauen." Da nahm Kwankwanxwaliga'yi seinen Vogelkopf ab, der nur eine Maske war. Er wurde ein Mensch und baute Xwa'xwas Haus. Alle Gilgal'gam stammen von ihm und Xwa'xwas ab.

Der Clan der Sisant'le'

Ihr Name lautet übersetzt „Der Sonnenstrahl-Stamm". Ihr Vorfahre ist die Sonne.

'Namguwis reiste von den Seymour Narrows (eine Meerenge zwischen Vancouver Island und Quadra Island) nach Norden. Er brachte Krieg über die Menschen und zerstörte mehrere Dörfer. Am Ende zog er den Nimkish River (Gwa'ni) hinauf und kam zu dem Berg T'saxiwakw. Dort bekam er übernatürliche Kräfte. Ein Schwan ('nala) kam, um mit ihm zu leben und nahm die Form einer Person an. Alle Sisant'le' stammen von dem Schwan und der Sonne ab.

„'Ninalkinuxw"

Der Clan der 'Ninalkinuxw

Ihr Name lautet übersetzt „Die Menschen, die flussaufwärts wohnen“. Ihr Vorfahre ist der Wolf.

Einem weisen Mann, der auf die 'Namgis aufpasste, wurde offenbart, er solle tanzen und darstellen, wie die mythologischen Tiere die Zeit besiegen. Er tanzte die ganze Nacht. Viermal wurde gesungen: „Oh, komm zu uns, übernatürliches Wesen, überall auf der Welt.“ Da erschien ein großer Wolf. Der weise Mann stieg aus dem Kanu und fragte ihn: „Was ist dein übernatürlicher Schatz?“ Da sagte der Wolf: „Mein Schatz reicht von einem Ende der Welt bis zum anderen und reicht bis hinauf zum Himmel. Das ist der berühmte Schatz des Wolfes.“ Er heulte viermal. Es wird erzählt, als er heulte, antworteten ihm Kyuquot (Kyuquot Sound, an der Westküste Vancouver Islands) und Bella Coola (eine Stadt in den Coast Mountains auf dem Festland von British Columbia). So wurde das Lied des Wolfes über die 'Namgis bekannt. Alle 'Ninalkinuxw stammen vom Wolf ab.

Der Tag, den wir auf Cormorant Island verbracht haben, war ein stiller Sonntag. Es sind uns nicht viele Menschen dort begegnet, weder andere Besucher der Insel noch Einheimische. Aber jeder hat jeden freundlich gegrüßt, so wie es eben in kleinen Gemeinden üblich ist. Als wir nachmittags vom Museum kommend in Richtung Fähranleger zurückspaziert sind, kam uns ein Herr entgegen, der den typischen Strohhut der Natives trug. Auch er grüßte uns freundlich und begrüßte uns ausdrücklich als Gäste in Alert Bay. Er fragte uns, was wir uns schon angesehen hätten und wie uns die Insel gefiele? Ob wir die awakwas und die Geschichten der Vorfahren der 'Namgis bemerkt hätten? So kamen wir ins Gespräch. Das war sehr interessant. Der Herr erzählte uns unter anderem, dass die Nachkommen der fünf Clans sogar in fünf verschiedenen Stadtvierteln von Alert Bay wohnen. Schade, dass wir nicht mehr Zeit hatten. Sonst hätten wir uns das einmal genauer ansehen können.

INFO

Aktivitäten:

- U'MistaCultural Centre: 1 Front Street, Alert Bay, BC V0N 1A0, *umista.ca*. Siehe auch das nächste Kapitel!

Fähre:

- Port McNeill – Alert Bay; *bcferries.com/routes-fares/schedules/daily/MCN-ALR*

Websites:

- *alertbay.ca*
- *vancouverisland.travel/communities/alert-bay*

DAS U'MISTA CULTURAL CENTRE

U'Mista Cultural Centre

DAS U'MISTA CULTURAL CENTRE

Die größte Sehenswürdigkeit von Alert Bay ist das Museum. Es ist der Kultur und der Geschichte der First Nations auf Vancouver Island gewidmet. Es beherbergt eine bedeutende Sammlung ritueller Gegenstände, aber auch vieles, was den traditionellen Alltag der Natives veranschaulicht. Was für eine Menge Informationen, und so liebevoll und detailreich arrangiert!

Totem Pole

Gleich hinter dem Eingangsbereich öffnet sich ein kleines Theater: ein Raum mit Stühlen vor einer großen Leinwand. Dort werden Filme gezeigt über Dinge, die für das Leben der First Nations typisch sind. Es geht um die Schnitzkunst, den Hausbau, die gemeinsame Jagd und immer wieder auch um die Philosophie, die dem Ganzen zugrunde liegt. Zum Beispiel um die Überzeugung, dass auf der Welt, in einem Lebensraum, alles mit allem verbunden ist. Verschiedenste Tiere, verschiedenste Pflanzen, die Menschen und die Elemente Luft, Erde und Wasser. Was einem Teil dieses Zusammenhanges geschieht oder zustößt, hat immer auch Auswirkungen auf alle anderen Teile des Systems. Verändert sich eines, verändern sich alle. Was einem schadet, schadet auch allen anderen auf die eine oder andere Art. Wird dagegen ein Aspekt geschützt, bewahrt oder gefördert, ist das für alle anderen ebenso gut und wirkt sich in viele Richtungen positiv aus. Den Zusammenhang aller Dinge und die heilige Ordnung der Natur anzuerkennen, sie zu respektieren und sie in unserem menschlichen Handeln unangetastet zu erhalten, ist das oberste Gebot.

Eine andere Maxime dieser Philosophie lautet: „Es gibt Kulturen, in denen gilt als der Reichste, der am meisten besitzt. Bei den First Nations gilt als der Reichste, der am meisten verschenkt." Wer freigiebig ist und andere aus vollem Herzen beschenkt, um ihnen Freude zu bereiten, der steht in höchsten Ehren. Darum sind die „Potlatch" genannten Feste das zentrale Element dieser Kultur. „When one's heart is glad, he gives away gifts ... The potlatch is given to us to be our way of expressing joy" (Elder Agnes Alfred). Potlatch heißt übersetzt „geben". Zu diesen traditionellen Feiern kommen Familien, Clans oder sogar ganze Stämme zusammen. Die Anlässe können Hochzeiten sein, Totenklagen, Verträge zwischen Völkern, die Ehrung, quasi die Amtseinführung neuer Chiefs oder das Gedenken an ehemalige verdiente Mitglieder der Gemeinschaft. Auch die Vergebung eines Namens an ein Kind oder eines neuen Namens an einen Erwachsenen. Denn bei den First Nations dient ein Teil des Namens der Beschreibung des Individuums. Verändert der Mensch sich im Laufe seines Lebens, tritt er in eine neue Phase ein oder übernimmt er eine neue Aufgabe, kann sein beschreibender Beiname den veränderten Umständen immer wieder angepasst werden.

Zu einer Potlatch-Feier kommen also viele Menschen zusammen. Es gibt Essen und Trinken, Lieder und Geschichten, Musik und Tänze, Gebete und Geschenke. Zu den traditionell geprägten Zeremonien gehören spezielle Masken, Mäntel, Instrumente und vieles mehr. Genau so wie die geschnitzten Truhen, in denen diese Gegenstände aufbewahrt werden.

Dem Thema Potlatch ist folglich auch ein großer Teil der Ausstellung im U'mista Cultural Centre gewidmet. Während der Kolonialisierung Vancouver Islands galten den meisten europäischen Invasoren alle kulturellen Äußerungen der Natives als heidnische Bräuche. Als Götzendienst, der ihnen auszutreiben sei, um sie zu zivilisieren und zu europäisieren. Neben zahlreichen anderen Vorschriften wurde 1884 der sogenannte „Potlatch-Bann" ausgesprochen. Damit untersagte die kanadische Regierung das Abhalten von Potlatch-Zeremonien. Das Verbot wurde tatsächlich erst 1951 wieder aufgehoben. Aber wegen der immensen Bedeutung dieser Feste für ihre Kultur, versuchten die First Nations, ihre Tradition zu bewahren und feierten heimlich trotzdem. Im Winter 1921 veranstalteten die 'Namgis auf Cormorant Island ein besonders großes Potlatch. Leider bekam die sogenannte „Indianerbehörde" davon Wind. Fünfundvierzig 'Namgis wurden verhaftet und vor eine bittere Wahl gestellt: entweder alle zeremoniellen Gegenstände und die Geschenke an die Behörde abzuliefern oder ins Gefängnis zu gehen. Die meisten Natives entschieden sich für die Freiheit. Die ausgelieferten Kulturschätze wurden vom örtlichen Vertreter der Behörde zu seinem eigenen Vorteil an Museen (zum Beispiel in Toronto, Ottawa und New York) und an private Sammler verkauft. Ein Vorgehen, für das sich die kanadische Regierung erst Jahrzehnte später entschuldigt hat.

Ab Ende der 1960er-Jahre hatte sich das politische Klima den First Nations gegenüber soweit gewandelt, dass die 'Namgis beginnen konnten, ihr Eigentum zurückzufordern. Dabei entspann sich eine Diskussion, die derzeit erneut geführt wird. Heute geht es dabei um die Rückführung geraubter afrikanischer Kulturschätze in ihre Ursprungsländer. Und wieder lautet die Frage, wo die zurückgegebenen Gegenstände dann in ihrer Heimat aufbewahrt und ausgestellt werden können. Immerhin handelt es sich um Gegenstände von unschätzbarem historischem und kulturellem Wert. Die Vereinbarungen mit den First Nations auf Vancouver Island sahen damals vor, dass ihnen ihr kulturelles Eigentum ausgehändigt wird, sobald sie dafür geeignete Museen bereitgestellt hätten. So wurde 1974 die U'mista Cultural Society gegründet. „U'mista“ bedeutet „Rückkehr aus der Gefangenschaft“. Der Begriff wurde sonst für die Heimkehr inhaftierter Natives benutzt. Aber um nichts anderes handelte es sich ja auch bei der Rückkehr der Masken, Kleidung und Musikinstrumente, die nach dem Potlatch 1921 entwendet worden waren.

RV Matin Sheen – Sea Shepherd

Die U'mista Cultural Society eröffnete für sie zwei Museen: das Kwagiulth Museum auf Quadra Island (2007 als Nuyumbales Cultural Centre in Cape Mudge wieder eröffnet) und das 1980 in Alert Bay eröffnete U'mista Cultural Centre. Zu

Bighouse

Letzterem gehört auch noch ein neu errichtetes Bighouse, in dem traditionelle Tänze gezeigt und zu besonderen Anlässen auch wieder Potlatchs gefeiert werden. Gerade als wir Alert Bay besucht haben, wurden mit einem großen Fest all die Personen und Organisationen geehrt, die die 'Namgis First Nation in ihrem Kampf gegen die umweltzerstörenden Fischfarmen unterstützen. Im Hafen lag die „Martin Sheen" der international arbeitenden Umweltschutzorganisation Seasheppard vor Anker.

In einem Bighouse (auch Longhouse genannt) lebten früher ganze Familienverbände unter einem Dach zusammen. Es besteht aus einem einzigen großen Raum, der mit Totempfählen, Schnitzereien und Teppichen geschmückt ist. Auch die Potlatch-Feiern fanden traditionell darin statt. Heutzutage leben die Familien eher für sich in Wohnungen oder Häusern. Jede Community hat nun ein gemeinsames Bighouse, in dem Feste veranstaltet und Zeremonien abgehalten werden können. Notfalls werden auch Gemeinderäume oder die Turnhallen von Schulen dafür genutzt. Das geht selbstverständlich auch. Aber neben dem U'mista Cultural Centre extra ein neues Bighouse zu errichten, in dem mit den heimgekehrten Zeremoniengegenständen ganz traditionell Potlatchs gefeiert werden – das hat natürlich einen starken symbolischen Aussagewert.

U'Mista, Frontansicht

INFO

Lage: 1 Front Street, Alert Bay, BC V0N 1A0, *umista.ca*

Neben dem Cultural Centre ist auch das Bighouse der 'Namgis First Nation in Alert Bay einen Besuch wert. Allerdings gibt es dort nur im Juli und August für Touristen kulturelle Vorführungen. Es lohnt sich sicher, bei einem Besuch im Cultural Centre nach Veranstaltungen im Big House zu fragen; *tsasalaculturalgroup.ca/about-us*

Aktivitäten: Im Nuyumbales Cultural Centre auf Quadra Island befindet sich ein zweiter Teil der beim Potlatch 1921 beschlagnahmten und zurückgeführten Zeremoniengegenstände; *wewaikai.com/programs/cultural-centre*

DIE GESCHICHTE DER STORY BOX

Winterimpression auf Vancouver Island

DIE GESCHICHTE DER STORY BOX

U'mista Cultural Centre

Bei unserem Besuch beherbergte das U'mista Cultural Centre in seinen Räumen eine Sonderausstellung: „The Story Box – Franz Boas, George Hunt and the Making of Anthropology“. Franz Boas wurde 1858 in Minden geboren. An der Universität Berlin studierte er Anthropologie. Für seine Habilitation unternahm er eine erste ausgedehnte Forschungsreise. Sie führte ihn von 1883 bis 1884 in die Arktis, denn das Thema seiner Schrift waren Baffinland und die Kulturen der arktischen Inuit. 1885 reiste Boas an die Nordwestküste Kanadas und der USA. Besonders British Columbia faszinierte ihn sofort. Hier fand er seinen Forschungsschwerpunkt, dem er vier Jahrzehnte lang treu blieb: das Volk der Kwakwaka'wakw. 1887 wanderte Franz Boas nach Amerika aus. Er lebte und arbeitete hauptsächlich in New York. Dort war er sowohl Kurator des American Museum of Natural History als auch Professor an der Columbia University. Es ist wichtig, sich vor Augen zu halten, dass das amerikanische Universitätswesen damals noch im Aufbau war. Es ist das Verdienst von Boas, die vergleichende Kulturwissenschaft und die anthropologische Forschung in Nordamerika etabliert zu haben. Es ging ihm darum, so viele Informationen wie nur möglich über die untersuchten Völker zu sammeln und für die Nachwelt zu erhalten. Die Grundüberzeugung, die diese Aufgabe vorwärtstrieb, war der Glaube an die Gleichwertigkeit aller Kulturen. Keine Selbstverständlichkeit in der damaligen Zeit (und auch heute leider noch nicht). Für Franz Boas ging damit ein lebenslanges Bemühen gegen Rassismus, Vorurteile und Diskriminierungen einher. Als in Deutschland geborener Jude kritisierte er scharf die biologistische Rassenlehre der Nationalsozialisten sowie deren Antisemitismus. Kulturanthropologie war für ihn ein originär politisches Anliegen.

Franz Boas

Von 1893 bis 1895 lebte Franz Boas in Alert Bay bei den Kwagu't, die ebenfalls zu den Kwakwaka'wakw („die, die Kwak'wala sprechen") gehören. Achtzehn unabhängige Bands und Dörfer gehören dazu, die an der Küste von British Columbia beheimatet sind. Boas wohnte zwei Jahre lang bei der Familie von George Hunt (1854 bis 1933). Dieser hatte zwar einen schottischen Händler zum Vater, war aber auf Cormorant Island bei seiner Mutter, einer Tlingit, aufgewachsen und auch dort verheiratet. Zwischen Boas und Hunt entstand in dieser Zeit eine lebenslange Freundschaft und Zusammenarbeit.

George Hunt

George Hunt unterstützte Franz Boas beim Sammeln, Sichten, Auswerten und Aufbereiten des umfangreichen Materials. Er wurde Co-Autor des daraus entstehenden Buches „The Social Organisation and the Secret Societies of the Kwakiutl Indians" (1898). Es enthält Geschichten und Lieder (samt Noten), in Kwak'wala. Fotografien von Personen, Dörfern, Szenen und Kunstgegenständen. Augenzeugenberichte von Ritualen, also detaillierte Protokolle ihres Ablaufs und Beschreibungen der dabei verwendeten Masken, Mäntel und anderen Gegenstände. Auch Abbildungen von Zeremoniengegenständen, die sich zu der Zeit in verschiedenen Museen befanden, sind eingefügt.

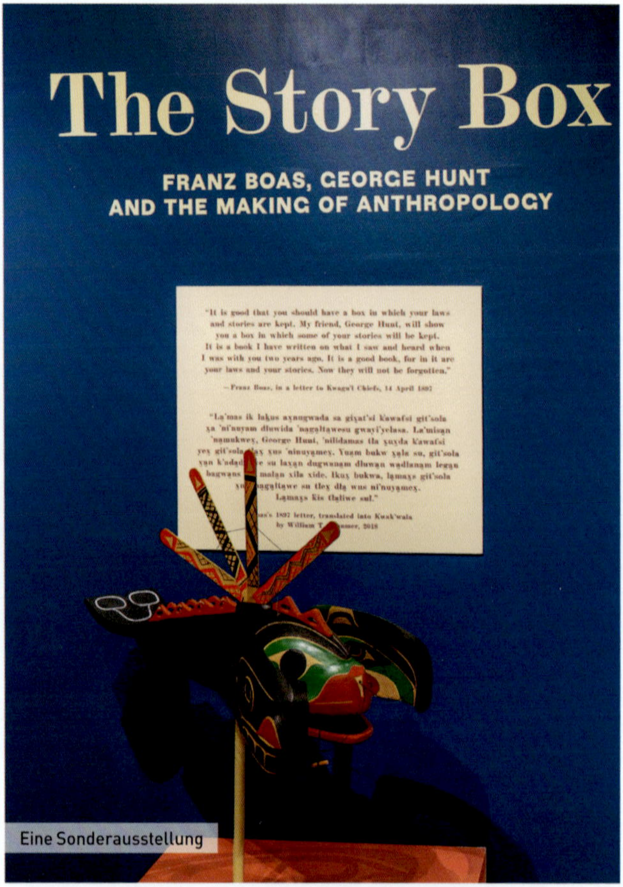

Eine Sonderausstellung

Als Boas 1895 die Insel mit dem Material verließ, um das Buch zu schreiben, hatte er bereits zehn Jahre Feldforschung hinter sich. Und auch nach der Fertigstellung des Werkes arbeiteten Boas und Hunt noch dreißig Jahre lang weiter daran. Sie korrigierten und erweiterten es unablässig.

Im Jahr 1897 erschien die erste Auflage des Buches. Aus diesem Anlass schrieb Franz Boas an die Chiefs der Kwagu't einen inzwischen berühmt gewordenen Brief: „It is good that you should have a box in which your laws and stories are kept. My friend, George Hunt, will show you a box in which some of your stories will be kept. It is a book I have written on what I saw and heard when I was with you two years ago. It is a good book, for in it are your laws and stories. Now they will not be forgotten." Die Kultur der First Nation in Kanada kennt keine verschriftlichte Sprache. Alle Überlieferungen geschehen mündlich. Im Weitererzählen tradierter Geschichten, Sagen und Mythen. Im Singen und Weitergeben alter Lieder. Und im Ausdrücken historischer und spiritueller Inhalte in Malerei, Schnitzkunst und Tanz. Franz Boas war also klar, dass er den Kwagu't erklären musste, wieso er all das, was er von ihnen über ihre Kultur erfahren hatte, in Schrift verwandelt hatte, und wozu ein Buch taugen soll. Er vergleicht es dazu mit einer storage box. In solchen Kästen oder Truhen bewahren die Kwakwaka'wakw ihre Zeremoniengegenstände auf. Ihre Masken, Mäntel, Instrumente und alles, was sonst noch für die Rituale von Bedeutung ist. Ein Buch sei eine story box, in der Geschichten aufbewahrt werden: „This book is a box, it's a storage box for your laws and stories, so that they won't be forgotten."

Was hier im ersten Moment wie die wissenschaftliche Faszination für das Sammeln von Fakten und Erkenntnissen klingt, ist in Wirklichkeit ein Plan von ungeheurer Tragweite. Von Anfang an haben Boas und Hunt das Ziel verfolgt, so viel wie nur möglich von der Kultur der Kwagu't aufzubewahren; nicht für „die Wissenschaft", sondern für das Volk der Kwakwaka'wakw selbst. Der Potlatch-Bann von 1884 bis 1951 und alle anderen Repressionen gegen die First Nations sollten dazu dienen, die Natives zu europäisieren und ihre eigene Kultur auszurotten. Siedlungen wurden zerstört. Kunst- und Zeremoniengegenstände ebenfalls oder sie verschwanden in Museen und privaten Sammlungen. Rituale waren verboten, genau wie das Sprechen der eigenen Sprache. Was es für eine mündlich überliefernde Kultur bedeutet, wenn sogar die Kinder ihren Familien entrissen und in europäisch geprägten, englischsprachigen Heimen aufgezogen wurden, mag man sich kaum vorstellen. Die Traditionen der Kwakwaka'wakw haben großen Schaden genommen. Vieles wurde verschüttet.

Dieser gewalttätige Prozess hatte bereits begonnen, als Franz Boas seine anthropologische Arbeit aufnahm. Sein Buch war von Anfang an als Fundgrube für die Kwagu't gedacht. Es sollte ihnen eines Tages, nach dem Ende der Repressionen, helfen, ihre eigene Kultur wiederzufinden und wiederzubeleben. Das Wunderbare ist: Genau so ist es gekommen! Die Leiterin der Story Box-Ausstellung ist Corrine Hunt, eine Urenklin von George Hunt. Sie lebt in Alert Bay. Die Bemühungen Franz Boas' haben sie und viele andere dazu inspiriert, Anthropologie zu studieren und die Erforschung indigener Völker fortzusetzen. Die Story Box der Kwagu't ist geöffnet worden und offenbart sich als Schatzsammlung. Anhand der detaillierten Beschreibungen können alte Rituale wiederbelebt werden. Die im Buch aufgezeichneten Lieder können wieder gesungen, die Geschichten wieder erzählt werden. Nach den Zeichnungen werden nun neue Masken geschnitzt. Durch die Fotos lassen sich Familiengeschichten erschließen. Der Prozess der Rekonstruktion einer alten Kultur läuft auf vollen Touren. Möglich gemacht durch ein Buch.

INFO

Die folgenden Links möchten wir Ihnen empfehlen, wenn Sie einen Blick auf die Ausstellungsstücke werfen möchten und sich für deren Vielfalt interessieren:

- *bgc.bard.edu/exhibitions/exhibitions/88/the-story-box*
- *bgc.bard.edu/files/Boas-Final.pdf*
- *histanthro.org/reviews/the-story-box*

UCLUELET

Sonnenuntergang am Lighthouse Loop

UCLUELET

Um an die Westküste Vancouver Islands zu gelangen, folgt man dem Highway 4 einmal quer durch das Innere der Insel. Am Ende der Straße, da wo das Blockhaus der Nationalparkverwaltung steht, gabelt sich der Weg. Rechts, nach Norden, geht es nach Tofino. Links, nach Süden, nach Ucluelet, das von seinen Bewohnern liebevoll „Ukee“ genannt wird. Wir haben auf beiden Reisen Quartier in Ucluelet bezogen. Beim ersten Mal eher zufällig. Es war ein Vorschlag unseres Reiseveranstalters gewesen, der uns zugesagt hatte. Beim zweiten Mal war es ein entschiedenes „Wir kommen wieder!“ und ein frohes Wiedersehen.

Amphitrite Point Lighthouse

In der kleinen Ortschaft Ucluelet leben nur etwa 1600 Menschen. Natürlich bevölkern besonders in den Sommermonaten zahlreiche Urlauber und Touristen dieses Surferparadies am Pazifik. Aber das ist nichts im Vergleich zu den Besucherströmen auf der Ostseite der Insel und in Victoria. Ucluelet – das ist im Wesentlichen eine Hauptstraße, die hügelauf und -ab eine Landzunge entlangführt. Auf der einen Seite liegen Big Beach, Little Beach und Terrace Beach sowie eine Vielzahl malerischer Buchten aus wilden Felsen und windzerzausten Bäumen. Auf der anderen Seite, zum Landesinneren hin, befindet sich sicher geborgen ein Hafen. Verschiedene Wildlife Cruises starten von hier aus. Segel- und Motorboote, auch kleinere Jachten liegen an den Stegen vertäut. Auf einem großen Floß gibt es ein Restaurant, auf dem sich im Sonnenschein herrlich sitzen lässt. Das Aquarium zeigt die Unterwassertier- und -pflanzenwelt im Kleinformat. Die Straße, die mit großer Steigung vom Hafen zur Hauptstraße hinaufführt, ist die ursprüngliche Main Street. Darum steht hier auch das Gebäude des alten General Store. Er ist heute ein Andenkenladen wie viele andere.

Ucluelet Marina

Die eigentlichen Geschäfte, wie der moderne Safeway, liegen im Zentrum des Ortes, das den Hügel hinaufgeklettert ist.

Old General Store

Was genau den Charme von Ucluelet ausmacht, ist schwer zu sagen. Ist es der „Cedar Grill“ mit dem guten Bier? Oder das urgemütliche Café direkt neben dem Waschsalon, wo man auf angenehmste Art warten kann, bis Waschmaschine und Trockner ihre Arbeit getan haben? Oder sind es all die Galerien, Schmuck- und Kunstgewerbeläden, denen man anmerkt, welch kreatives, außergewöhnliches Völkchen von Individualisten hier zusammenkommt? Unsere Unterkunft in den „Cabins at Terrace Beach“ steht unter dem Motto „Check in and chill out“. Damit ist die Seele von Ukee genau getroffen und seine Wirkung auf uns ebenso.

Am Ende der Landzunge mündet die Straße in einen Parkplatz. Er ist der Ausgangspunkt des Lighthouse Loop. Denn natürlich steht am äußersten Ende der Landzunge ein Leuchtturm. Allerdings ist er verborgen hinter den bewaldeten Hügeln. Man muss erst dem Pfad des Lighthouse Loop folgen, wie er sich an der Küste entlang von einer Bucht zur nächsten schlängelt, bis ganz am Ende das Amphitrite Point Lighthouse in den Blick kommt. Ein Spaziergang von zweieinhalb Kilometern. Das ist eigentlich nicht lang. Aber bis man alle seine Wunder und Ausblicke genossen hat, kann schon mal ein Vormittag vergehen. Oder ein Nachmittag. Oder auch ein Abend mit einem Sonnenuntergang über dem Meer.

Lighthouse Loop, Infotafel

Mystischer Regenwald

Der Wald, durch den der Weg führt, ist echter Regenwald. Kaltregenwald, in dem es feucht und morastig ist und überall tropft. Die Äste der Bäume sind mit üppigen Mooskissen bezogen. Farne wuchern zu ihnen hinauf und Flechten hängen daran herab. Feenhaar, das wie zerschlissene Gardinen im Wind weht. Es riecht moderig, würzig und herb. Irgendwie belebend. Wer das „Dschungelbuch" kennt, wartet darauf, Baghira im Zwielicht über die umgestürzten Baumstämme schleichen zu sehen. Es wirkt ein bisschen geheimnisvoll. Gleichzeitig hat man die Küste neben sich. Ab und an gibt es Aussichtspunkte, an denen man aus dem Wald heraustritt. Meist steht dort extra eine Bank bereit. Und was für eine Küste! Das Meer liegt da wie ein metallisch blauer Spiegel.

Felsenküste

Algengewirr aus Kelb treibt in Teppichen an seiner Oberfläche. Die Felsen sind schwarzgrau und zerklüftet, von Tannen bestanden. Es gibt unzählige vorgelagerte Inselchen. Die Wellen branden gegen sie und lassen weiße Gischtfontänen explodieren. Manche der Felsen sind besiedelt. Von Kormoranen oder Seehunden oder beidem. Oft kann man die Seehunde gar nicht erkennen. Auch mit dem Fernglas nicht. Sie sind zu weit draußen und zu gut getarnt. Aber sie müssen da irgendwo sein, denn ihr „Örk, Örk, Örk" schallt bis zu uns herüber. An einer Stelle steht auf einer der etwas größeren Inseln, oben am Rand der Klippen, ein Haus. Einsam. Den dunklen Wald im Rücken, den Abgrund und die Weite des Pazifiks vor sich. Wie es sich dort wohl wohnen lässt?

Whistle Buoy ...

Damals, in unserer allerersten Nacht in Ucluelet, hatten wir durch unser offenes Fenster ein stetiges Geräusch gehört. So etwas wie ein sanftes Tuten, wie ein leises Nebelhorn. Wir hatten uns nicht erklären können, was das sein und woher das stammen könnte. Als wir am nächsten Morgen dem Lighthouse Loop folgten, löste sich das Rätsel auf. Genauso wie wir die Erklärung bekamen für das Glockenläuten, das wir unterwegs plötzlich zu hören meinten. Glocken, morgens um zehn im Urwald? Dort, wo der Weg sich öffnete und wir den ersten Blick über die erste Bucht präsentiert bekamen, schwamm zwischen den versprengten Felsen eine Boje auf den Wellen. Von daher kam das Läuten. In einiger Entfernung schwamm eine zweite Boje. Eine „Whistle Buoy“. Sie hat ein Horn, das bei stärkeren Wellenbewegungen tutet. Das war das Geräusch, das wir nachts gehört hatten. 1905 ist an dieser Stelle die „Pass of Melfort“ aus Großbritannien gesunken. Die beiden Bojen warnen andere Schiffe bei Dunkelheit und Nebel vor den Untiefen, an denen das Wrack noch heute versunken liegt. Wenn man dem Lighthouse Loop folgt, wird anhand von Infotafeln nach und nach die Geschichte des Schiffsunglücks erzählt. Nach dem Aussetzen der Bojen wurde ein Jahr später zusätzlich ein hölzernes Wachhaus, das Amphitrite Point House, auf der Spitze der Landzunge errichtet. 1915 wurde es durch das Amphitrite Point Lighthouse ersetzt.

... und die Erklärung dazu

Amphitrite Point Lighthouse

Am Ligthouse Loop

Der Lighthouse Loop stammt aus den neunziger Jahren. Damals begann ein Privatmann, „Oyster Jim" Martin aus Ucluelet, einen zusammenhängenden Spazierweg rund um die Landzunge zu bahnen. Einfach, weil er die Aussicht dort so liebte. Er stellte die Bänke auf, damit man sich niederlassen und den Blick über das Meer und die Küste in aller Ruhe genießen kann. Er stellte die Infotafeln auf, die Station für Station die Geschichte der „Pass of Melfort" und des Amphitrite Point Lighthouse erzählen. Aber das war nur der Anfang. Heute gehören diese 2,6 Kilometer Rundweg zum Wild Pacific Trail. Er führt von Ucluelet aus ein ganzes Stück die Küste entlang. Immer wieder unterbrochen von Privatgrundstücken, reicht er nach acht Kilometern bis an die Grenze des Pacific Rim National Park heran. Ziel ist es, den Trail einmal an der gesamten Westküste entlang von Ucluelet bis nach Tofino auszubauen. Dazu wurde

Die Autorin bei der Arbeit

die Wild Pacific Trail Society gegründet. Ein gemeinnütziger Verein, der sich allein durch Spenden finanziert. Auch inhaltlich wurde das Projekt von Oyster Jim ständig größer. Längst geht es nicht mehr nur darum, den Besuchern Vancouver Islands die Schönheiten der Küstenlandschaft zugänglich zu machen. Nein, die Wild Pacific Trail Society beschäftigt einen ganzen Schwarm wissenschaftlicher Mitarbeiter. Viele sind Freiwillige, also Volunteers, die aus allen Ecken Kanadas anreisen. Aber mittlerweile gibt es auch fest angestellte Biologen. Sie bieten während der Saison ein reichhaltiges Programm geführter Touren an, in denen sie über die in dieser Gegend vorkommenden Wölfe, Pumas und Bären berichten. Es geht um Spurenlesen, Stranderkundungen, Seevögel, Bäume und Moose.

Wir hatten uns den Interpretive Walk „Wonder of Wolves“ ausgesucht. Eine Biologin namens Tanya war unser Guide. Sie stammt ursprünglich aus Ontario. Als Volunteer ist sie nach Ucluelet gekommen. Und immer wieder hergekommen. Und ist einfach geblieben, als sie eine Stelle angeboten bekommen hat. Das wissenschaftliche Team der Wild Pacific Trail Society untersucht das Ökosystem der Westküste. Es erfasst die vielfältigen Lebensformen, katalogisiert sie, erforscht ihre Zusammenhänge und ihr Ineinanderwirken und macht dieses Wissen dem Publikum zugänglich. Tanya hat uns sehr lebendig und anschaulich von den Wölfen berichtet. Von den Seawolves, den ganz speziellen Küstenwölfen dieser Gegend. Wie sie über die installierten Wildlife Cameras gezählt und beobachtet werden. Und wie ihre Ansiedlung gefördert wird.

Abdruck einer Wolfspfote

Natürlich gab es die Seawolves hier schon immer. Es ist ihr ursprünglicher Lebensraum. Aber sie brauchten eben besonderen Schutz, um ihre Population allmählich wieder zu vergrößern. Es war sehr spannend, davon zu hören. Aber wie erwartet, haben wir keine Wölfe zu sehen bekommen. Sie gehören zu den scheuesten Wesen, die man sich denken kann.

Sturmerprobt

Wir haben bei unseren beiden Besuchen Ucluelet am Ende des Sommers und zu Beginn des Herbstes kennengelernt. Der Ort scheint aber auch in den Wintermonaten seinen ganz eigenen Reiz zu haben. Dann reisen viele Gäste extra zum „Stormwatching" an. Es muss schon ein besonderes Erlebnis sein, wenn die Winterstürme über das Meer getobt kommen und ungebremst an die Westküste von British Columbia prallen. Wir kennen ihren Anblick bei sanftem Wind und Sonnenschein. Bei Ebbe eine Landschaft aus dunkelgrauen Felsen. Aufeinandergetürmt und vom Wasser rundgeschliffen. Bei Flut ein weiter Spiegel aus ständig sich wandelnden Blau- und Grüntönen. Doch an den Bäumen lässt sich erahnen, wie trügerisch diese Idylle ist. Viele haben im Wachsen die bizarrsten Formen angenommen. Ihre Stämme neigen sich schräg dem Rand der Klippen zu, als stemmten sie sich einem brüllenden Sturm entgegen, der ihre Kronen umgebogen und ihre Äste mit sich in Richtung Landesinnere gerissen hat. Wenn Bäume so verkrüppelt wachsen, wie oft müssen dann an der Küste rohe Kräfte walten?

Wo der Wind weht ...

In den „Cabins at Terrace Beach", dem Apartmenthaus, in dem wir bei unserem zweiten Besuch gewohnt haben, gibt es im obersten Stockwerk einen großen Gemeinschaftsraum. Mit einer Bar und vielen bequemen Sofas. Mit einem stattlichen Kamin. Die ganze Stirnseite bis zum Giebel hinauf ist eine Fensterfront mit einem phänomenalen Blick über die Bucht und hinaus auf den Pazifik. An den Fenstern entlang zieht sich eine Sitzbank mit weichen Polstern und Kissen. Als wir im Spätsommer da waren, lag der Gemeinschaftsraum verlassen da. Aber er ist wie geschaffen zum Stormwatching. Dazu, in warmer, behaglicher Sicherheit dem Toben der Elemente draußen zuzusehen. Das muss gewaltig sein!

INFO

Aktivitäten:

- Wild Pacific Trail Society: Infos und geführte Touren, z. B. „Seawolf Walk", *wildpacifictrail.com/home.html*
- Schooner Cove: Strandabschnitt nahe Tofino, an der langgezogenen Westküste Vancouver Islands. Wir haben ihn „Mystical Beach" getauft und finden: Schöner geht's nicht! Wilde Felsgruppen, baumbestanden, gelegentlich nebelverhangen und handgroße Muscheln. Bei unserer ersten Reise war die Bucht über einen Holzbohlenpfad durch den Wald zu erreichen. Dieses Mal war dieser wegen Erneuerung gesperrt, da sind wir vom Long Beach aus am Strand entlang hinspaziert.
- MacMillan Provincial Park: Auf dem Highway 4 kommt man auf dem Weg nach oder von Ucluelet am MacMillan Provincial Park vorbei. Dort stehen wahrhaft beeindruckende Mammutbäume. Teilweise sind sie 800 Jahre alt und höher und dicker, als man es sich vorstellen kann! *bcparks.ca/explore/parkpgs/macmillan/*
- The Crow´s Nest: Ucluelets ältestes Gebäude, Geschäft und ehemaliger General Store, heute ein Souvenir- und Andenkenladen; 205 Main Street, Ucluelet, BC V0R3A0, *crowsnestucluelet.com*

Einkehren:

- Cedar Grill: 1636 Peninsula Road #7, Ucluelet, BC V0R 3A0, cedargrill.ca
- Barkley Café: 1620 Peninsula Road, Davison Plaza, Ucluelet, BC V0R 3A0, *qr.imenupro.com/1ddb-11*
- Floathouse Patio & Grill: Small Craft Harbour, 200 Hemlock Street, Ucluelet, BC V0R 3A0, *floathousepatioandgrill.ca*

Übernachten:

- Cabins at Terrace Beach: 1090 Peninsula Road, Ucluelet, BC V0R 3A0, *thecabins.ca*

EIN TAG IN DEN BROKEN GROUP ISLANDS

Seeotter

EIN TAG IN DEN BROKEN GROUP ISLANDS

Raincoast Maiden

In Ucluelet gibt es einen Anbieter für Tierbeobachtungen, von dem wir schon viel Gutes gehört hatten. Die Firma heißt „Archipelago Wildlife Cruises“. Sie wird sehr gelobt für Ausflüge der ganz besonderen Art. Das geht schon mal damit los, dass die beiden Inhaber, Allan und Toddy, auf ihrem Boot wohnen. Es ist eine kleine Jacht. Wir waren mit sechzehn Personen darauf zu Gast, und nur beim Lunch wurde es etwas eng. Aber auf dem Boot leben? Ich glaube, da muss man mit wenig Platz und wenig Besitztümern auskommen. Und auch mit wenig Zeit, denn die beiden bieten ihre Ausflüge während der Saison täglich an. Morgens um zehn Uhr geht es los. Rausfahren, Tierbeobachtungen. Gegen eins wird in einer stillen Bucht in den Broken Group Islands geankert. Dann gibt es einen Gourmet Lunch, den ein Restaurant in Ucluelet vorbereitet hat: Wir hatten Lachs auf einem Bett frischen Salats, etwas Obstsalat und einen Keks zum Nachtisch. Auch Muffins, Kaffee und Tee stehen bereit. Bei der Rückfahrt gibt es weitere Tierbeobachtungen. Je nachdem, wie viel da geboten wird, ist man gegen sechzehn Uhr wieder in Ucluelet oder eben auch erst später. Bloß keine Eile beim Cruisen!

Toddy ist in Südafrika geboren. Darum kann sie neben Englisch auch lupenreines Deutsch. Beim Möwenverscheuchen ist ihr sogar noch das dazugehörige Afrikaans herausgerutscht. Wo sie wohl Allan kennengelernt hat? Er stammt aus Vancouver. Lange Zeit war er Lachsfischer auf Vancouver Island. Früher war das ja ein florierender Geschäftszweig mit Flotten, Fabriken und Plattformen zum Auftanken der Schiffe. Da war mächtig was los. Es war ein gutes Geschäft. Während unserer Tour hat Allan ab und an von dieser alten, goldenen Zeit erzählt. Lachsfischer gibt es heutzutage nur noch wenige. Es gibt einfach nicht mehr genügend Lachse. Als das profitable Geschäft einbrach, brauchten Allan und Toddy eine neue Idee für ihren Lebensunterhalt. Sie haben alles verkauft (1989 war das), sind auf ein großes Boot gezogen und finanzieren es dadurch, dass sie tagsüber Touristen herumfahren. Aber nicht nur Touristen; es war auf unserem Ausflug eine Frau dabei, Sandy, die in Ucluelet wohnt, gerade Urlaub hatte und dann hin und wieder gerne mit rausfährt.

Es hat sich für uns wirklich gelohnt! Wir sind so froh, diese Tour mitgemacht zu haben. An Archipelago Wildlife Cruises waren wir schon seit Langem interessiert. Aber diese Bootsausflüge, so aufregend sie auch sind, so viele Tiere man dabei auch zu Gesicht bekommt – sie sind einfach zu teuer, um das ständig haben zu können. Auf unserer früheren Reise hatten wir bereits drei Touren hinter uns, bevor wir nach Ucluelet kamen. Die Grizzlytour mit Seawolf Adventures in Port McNeill. Das Whale Watching mit Stubbs von Telegraph Cove aus. Und einen Ausflug mit unserem Freund Viktor, der auf Vancouver Island lebt und ein eigenes Boot hat. Da kam noch eine Tour nicht mehr in Frage. Aber nun wollten wir uns einen Tag mit Archipelago leisten.

Familie Schwarzbär

Weißkopfseeadler

Und es war toll! Wir waren noch nicht einmal ganz aus der Marina herausgefahren, da haben wir am Ufer einer vorgelagerten Insel schon eine Schwarzbärin mit drei Jungen entdeckt. Und zwei Weißkopfseeadler. Und einen Reiher. Da kam man aus dem Staunen gar nicht mehr heraus! Jedes Mal haben unsere Gastgeber die „Raincoast Maiden“ möglichst nah (aber natürlich trotzdem mit dem gebotenen Abstand!) heranbugsiert, damit wir die Tiere gut sehen konnten. Dann haben sie den Motor gedrosselt und uns Zeit und Ruhe zum Beobachten gelassen. Das war schön.

An mehreren Stellen haben wir zwei Weißkopfseeadler nebeneinander im Baum sitzen sehen. Das war uns vorher noch nie aufgefallen. Wir haben erfahren, dass die Vögel als Jungtiere zuerst komplett braunes Gefieder haben. Nach fünf Jahren, wenn sie geschlechtsreif werden und sich ein eigenes Nest suchen (gerne ein fertiges, verlassenes, renovierungsbedürftiges), bekommen sie den charakteristischen weißen Kopf. Mit dem Partner, den sie sich dann suchen, bleiben sie ein Leben lang zusammen. Das sind bei den Adlern immerhin vierzig Jahre! Wer hätte das gedacht? Ebenso treu bleiben sie ihrem Nest.

Wir sehen Felsen mit Seehundkolonien im Meer (und fern im Hintergrund das Amphitrite Lighthouse, einmal aus einer völlig anderen Perspektive als bisher beim Spazierengehen). Auch Felsen mit Seelöwen. Auf den langgestreckten Felsbänken, die mehr Platz bieten, leben oft Seelöwen, Seehunde, Möwen und Kormorane beieinander; allerdings streng abgezirkelt neben-, nicht durcheinander.

Seehunde

Auf unserer Fahrt mit Archipelago haben wir endlich Otter gesehen! Wie lange haben wir darauf schon gewartet! Aber sie sind so scheu, dass wir bisher bloß gelegentlich einmal einen Kopf in den Wellen entdeckt hatten, der dann sofort – schwupps! – unter Wasser verschwunden war. Aber vielleicht haben wir doch schon öfter welche im Blick gehabt, ohne sie zu bemerken? Sie halten sich zwischen dem auf der Meeresoberfläche treibenden Kelp auf. Sie haben genau dessen gelblichbraune Farbe, und ihr Köpfe sind nur wenig größer als die runden Schwimmkörper der Kelppflanzen. Selbst wenn man gesagt bekommt „Da vorne sind vier Seeotter! Und, oh ja, einer hat sogar ein Junges auf dem Bauch liegen!" – selbst dann starrt man noch lange verzweifelt auf dieses Suchbild. Doch plötzlich siehst du sie, wie sie sich auf dem Rücken liegend treiben lassen. Das Gesicht mit dem hellem Fell, den struppigen Bart und ihre gewaltig großen Füße, die aus dem Wasser ragen.

Aber Vorsicht beim Beobachten! Ich bin in meinem Leben noch nie seekrank geworden. Habe wohl einen eisenharten Magen. Aber diesmal wäre es doch fast passiert. Am Bug einer Jacht zu stehen, die in der Dünung schaukelt, ohne sich festzuhalten, weil man die Hände braucht, um das Fernglas zu halten. Lange Zeit konzentriert durch das Fernglas auf den Kelp zu starren, der mit den Wellen schwappt, um darin schaukelnde Otterköpfe zu entdecken ... da ist meinem Magen plötzlich ganz mulmig zumute geworden. Gut, dass wir Reisetabletten im Rucksack hatten!

Glücklicherweise ließ das Schwanken des Bootes gleich nach, sowie wir zwischen die Broken Group Islands gefahren sind. Das ist ein Gebiet von über hundert kleinen und kleinsten Inseln im Barkley Sound. Dunkelgraue Felsen, von üppigem grünem Wald bestanden. Die Broken Group Islands sind Teil des Pacific Rim National Park. Allan erzählte, dass sie, die täglich hier entlang kommen, regelmäßig Wölfe beobachten können. Wie schade, dass wir die heute leider nicht zu Gesicht bekommen haben!

Oh! Wer stört?

Stattdessen begegnet uns ein Buckelwal. Er schwimmt in einer weiten Bucht herum. Weil er anscheinend dort bleiben und nicht nur durch sie hindurchziehen will, können wir ihm lange zusehen. Er taucht immer wieder auf. Schwimmt lange Strecken dicht unter der Oberfläche, sodass seine Rückenflossen rhythmisch auf- und abtauchen. Erst, wenn sein Schwanz auch empor kommt und eine Kurve zu beschreiben beginnt, heißt es „Tale! Tale! Tale!“ Und wirklich, da hebt sich seine Fluke vor dem Abtauchen aus dem Wasser. An der Fluke kann jeder Wal identifiziert werden, denn sie sieht bei jedem Tier anders aus. Diese hier ist an den Rändern etwas zerfleddert und die Unterseiten der Dreiecke sind weißgrau ausgemalt.

Nach unserer Lunchpause sehen wir auf dem Rückweg nach Ucluelet wieder jede Menge Tiere. Da war zum Beispiel eine Schwarzbärin mit zwei Jungen. Als wir näher kamen, scheuchte sie die Kleinen, wie es Bären in unsicheren Situationen gerne tun, auf einen Baum. Aber anstatt unten stehen zu bleiben, um den Baum notfalls zu verteidigen oder den Angreifer durch die eigene „Flucht“ von dort wegzulocken, kletterte diese Bärin hinter ihren Jungen her ebenfalls auf den Baum. Wahrscheinlich ist sie selbst noch jung. Es wird ihr erster Wurf sein,und sie ist noch etwas nervös und unsicher.

Ach, was gibt es auf einer solchen Wildlife Tour nicht alles zu sehen und zu erfahren! Das sind Erlebnisse, die man nie wieder vergisst, und Tage, wie man sie sich schöner und aufregender gar nicht denken könnte!

INFO

Website: *vancouverisland.com/plan-your-trip/regions-and-towns/vancouver-island-bc-islands/broken-group-islands*

Archipelago Wildlife Cruises: mehrfach ausgezeichnete Wildlife Touren. Leider sind Alan und Toddy Landry 2024 in den Ruhestand gegangen und bieten ihre Touren nicht mehr an.

DUNCAN – „STADT DER TOTEMPFÄHLE"

Thunderbird

DUNCAN – „STADT DER TOTEMPFÄHLE“

Duncan liegt im Südosten von Vancouver Island. Etwa auf halber Strecke zwischen Victoria und Nanaimo. Es ist mit 4900 Einwohnern auch schon die größte Ortschaft des Cowichan Valley District. Der erstreckt sich von der Strait of Georgia im Osten quer über die Insel bis an die Pazifikküste im Westen. Es ist das traditionelle Stammesgebiet der Quw'utsun' People. Der Name bedeutet „warmes Land“ und trifft genau den Charakter des Cowichan Valley. Von der Sonne verwöhnt und sogar im Winter angenehm mild. Ein weiter, offener Landstrich mit großen Seen und Flüssen.

City of Totems

Im 19. Jahrhundert strömten immer mehr weiße Siedler nach Vancouver Island und ließen sich überall nieder. So gründeten sie 1848 auch die Stadt Duncan. Die Gegend war ja wie geschaffen für Land- und Holzwirtschaft, für Obst- und Weinanbau. Später, als die Schienentransportwege der Eisenbahn sich auszubreiten begannen, wurde Duncan zu einem bedeutenden Knotenpunkt. Die einheimische Bevölkerung aber wurde entrechtet und zunehmend verdrängt. Erst ab Mitte des 20. Jahrhunderts setzte allmählich ein Umdenken ein. Man versuchte, einen von Respekt getragenen Kontakt zu den First Nations aufzubauen.

Die Stadt Duncan hat sich dafür ein ganz besonderes, künstlerisches Projekt einfallen lassen. 1986 stellte sie, in der gesamten Innenstadt verteilt, neununddreißig Totem Poles auf. Ein Rundgang, eine Spur aus auf den Fußweg gemalten Schuhabdrücken, führt von einem zum anderen. So kann man sicher sein, auch keinen einzigen zu übersehen. Die Totempfähle sind Eigentum der Quw'utsun', geschaffen von ihren eigenen Schnitzern. Sie prägen das Stadtbild von Duncan. Sie sind als Referenz an die verdrängten Ureinwohner der Gegend gedacht und als Symbol für ihre Zugehörigkeit zu diesem Land. Neben jedem Totempfahl ist eine Tafel angebracht, auf der der Name des Künstlers zu lesen ist, einiges über sein Leben und auch, was auf dem Totem Pole abgebildet ist und was es ausdrücken soll. Denn das ist für unsere unbedarften europäischen Augen oft schwer zu erkennen und kaum zu verstehen.

Am Bahnhof

Wie ist das überhaupt mit dieser geschnitzten Kunstform? Was verbirgt sich dahinter?

Von Doug LaFortune

Von Laverne Roy Baines

Erinnern Sie sich noch an Karl May und die Marterpfähle? Wie oft wurden Winnetou, Old Shatterhand und ihre Spießgesellen daran festgebunden und erst in letzter Minute durch kluges Verhandeln oder das Eintreffen der Rettungstrupps befreit; vor dem Zerhackt- oder mit Pfeilen Erschossen- oder im Holzhaufen Verbranntwerden. Vergessen Sie es einfach!

Das waren Geschichten eines Schriftstellers, der weder das Meer gesehen hatte noch wusste, wie es jenseits davon zugeht. Aber Karl May ist als Europäer mit den Erzählungen über Hexenverbrennung und Jeanne d’Arcs Ende auf dem Scheiterhaufen aufgewachsen. So kam er wohl, wie manch anderer seiner Zeitgenossen, auf recht krude Gedanken, als er darüber spekulierte, wozu die Indianer

The Famiiy

ihre berühmten Pfähle wohl benutzt haben mochten. Was Wilde eben so tun: Mord und Totschlag.

Eine andere Erklärung reimten sich die Missionare zusammen, als sie im Strom der Eroberer und Einwanderer nach Nordamerika kamen. Sie vermuteten, dass Totempfähle religiöse Symbole seien und der Götzenverehrung dienen sollten. Um diesem Irrglauben abzuhelfen, zerstörten sie die Pfähle, wo immer sie ihrer habhaft werden konnten.

Beide Erklärungen liegen völlig falsch. Totem Poles sind weder für die Marter noch für kultische Zwecke da. Nein, sie sind wertvolle Kunstwerke und erzählen Geschichten.

Schnitzereien aus Zedern- und anderem Holz gibt es in Kanada, wie archäologische Funde gezeigt haben, bereits seit mehr als fünftausend Jahren. Natürlich wurden nicht nur Totempfähle geschnitzt, sondern auch Kanus, Musikinstrumente wie die Rasseln, die bei traditionellen Tänzen verwendet werden. Auch Masken, Grabfiguren, Essgeschirr, Spindeln zur Wollverarbeitung und Aufbewahrungskästen wurden geschnitzt. Dabei wird jeder Gegenstand als Unikat gestaltet. Er wird für eine bestimmte Person und einen speziellen Zweck hergestellt. Darum drückt jedes Werkstück durch Form und Verzierungen etwas aus. Es weist auf Besonderheiten seines künftigen Besitzers hin, erzählt vielleicht von seinem Werdegang oder der Geschichte seiner Familie oder es enthält persönliche Wünsche des Schnitzers für den Beschenkten. Jeder geschnitzte Gegenstand, und sei er noch so alltäglich, ist ein Stück Kunsthandwerk, das einer ganz bestimmten Person dienen, sie erfreuen und sie ehren soll.

Von Khut-Whee-Mul-Uhk

Totem Poles werden zumeist aus dem Holz der Western Red Cedar geschnitzt, das ganz besonders gut zu bearbeiten und zugleich extrem haltbar ist. Denn Wind und Wetter, Insekten, Schimmel und Pilze setzen dem Holz im Lauf der Jahre zu. Da ist es gut, wenn es sich als widerstandsfähig erweist. Das Holz der Zeder, die nicht umsonst Arbor vitae,

Lebensbaum, heißt, lässt einen Totem Pole siebzig bis hundert Jahre erhalten bleiben. Spätestens dann muss er entweder aufwendig restauriert oder nachgebildet werden.

Thunderbird with Dzunuk'wa

Auch das Schnitzen eines Totem Pole ist eine langwierige Angelegenheit. Bis das Werkstück fertiggestellt ist, vergeht bis zu einem halben Jahr. Dabei arbeitet niemals etwa nur ein einzelner Künstler daran. Ein erfahrener, berühmter Schnitzer erhält den Auftrag. Er ist für die Gestaltung und Fertigung verantwortlich. Aber für die Durchführung stellt er sich einen Mitarbeiterstab zusammen. Oft arbeiten mehrere Generationen einer Familie zusammen und tragen damit zugleich die Kunst des Schnitzens weiter.

Es gibt allein in British Columbia über zweihundert verschiedene Stämme der First Nations. Jeder von ihnen hat charakteristische Symbole, Figuren, Darstellungsformen und Arten der Bemalung. Sie werden als Unterscheidungsmerkmale zu anderen Stämmen von Generation zu Generation weitergereicht. Aber zugleich entwickelt sich die Kunst des Schnitzens und Gestaltens immer weiter und wandelt sich, weil jeder Künstler nach seiner individuellen Sicht- und Ausdrucksweise sucht.

Von Moopkin'kim

Bei der Vielzahl unterschiedlicher Typen von Totem Poles kann sich die Kreativität auch voll entfalten. Da werden im Rahmen großer Feierlichkeiten freistehende Pfähle in Zeremonien, mit Gesang und Tänzen aufgerichtet, wenn ein neuer Chief seine Würde übernimmt. Oder wenn ein ruhmreicher Chief geehrt werden soll. Oder wenn an einen verstorbenen Chief oder eine andere wichtige Person erinnert werden soll. Es ist auch üblich, bei großen Festen oder anlässlich eines Treffens mehrerer Stämme die Gäste mit einem neu geschnitzten und bemalten Totem Pole zu begrüßen.

Ein Ort, an dem Schnitzereien ebenfalls von gewaltiger Bedeutung sind, sind die traditionellen Longhouses. Die First Nations in British Columbia sind ja keine Nomaden, sondern leben immer schon ortsgebunden. Die Häuser, die sie sich errichten, sind aus dicken Baumstämmen und Planken gezimmert. So recht dazu geeignet, dem rauen Wetter zu trotzen und lange Winter zu überstehen. Die Longhouses sind dabei so groß, dass in ihrem weitläufigen Innenraum Platz für mehrere Familien und ganze Sippen vorhanden ist. Das Innere der Gebäude wurde dann unter anderem mit Schnitzereien geschmückt. Sie verwandelten die Stützpfeiler des Hauses. Es wurden drinnen wie draußen „carved planks“ zur Dekoration angebracht. Am Eingang stehen „portal poles“, die das Haus und seine Bewohner vor Unglück und bösen Geistern schützen sollen. Oder die die Geschichte und Bedeutung der hier wohnenden Familie beschreiben. Sehr bekannt sind auch die sogenannten „welcome figures“. Das sind zwei übergroße, menschliche Figuren rechts und links des Eingangs. Ein Mann und eine Frau, die den Besuchern zum Zeichen des Willkommens ihre geöffneten Handflächen entgegen halten.

Kwagu'l Bear holding a Seal

In den 1950er-Jahren entschlossen sich die anthropologischen Museen in Vancouver und Victoria, die alten in ihren Sammlungen befindlichen Totem Poles restaurieren beziehungsweise nachbilden zu lassen. Sie engagierten dazu die berühmten Schnitzer Mungo Martin und Ellen Neel. Diese brachten ihre eigenen Hilfskräfte mit, die sich im Lauf der Zeit selbst zu bekannten Meistern ihres Faches entwickelten. Die Kunstform des Schnitzens erhielt dadurch endlich wieder einen Aufschwung. Denn nicht zu vergessen, war ja im 19. und bis ins 20. Jahrhundert hinein den Natives jegliche Ausübung aller ihrer Traditionen verboten. Erst allmählich wird die Engstirnigkeit überwunden. Der Kultur der First Nations wird ein Existenzrecht zugestanden, und ihre Kunst wird jetzt als Kunst wahrgenommen. Mittlerweile werden die Schnitzer immer häufiger dazu eingeladen, nicht nur für ihre Stämme zu wirken, sondern auch Kunstwerke für den öffentlichen Raum zu gestalten. In Parks, Museen, auf Plätzen und in öffentlichen Gebäuden stehen Totem Poles.

Von Gwe-la-y-gwe-la-gya-les

Einige der Kunstwerke haben inzwischen Berühmtheit erlangt. Wie die Skulptur „Raven and the Clamshell“ von Bill Reid. Sie erzählt einen uralten Schöpfungsmythos, nämlich, wie die Menschen auf die Erde kamen. Einer Legende der First Nations nach war die Erde von einer großen Flut überspült. Nur langsam floss das Wasser ab und hinterließ ödes Land. Ein Rabe flog am Ufer des Meeres entlang. Da sah er eine große Muschel liegen. Aus ihr hörte er es klopfen und rufen. Da flog der Rabe hin und öffnete die Muschel. In ihrem Inneren zappelten viele kleine Menschlein durcheinander, die alsbald aus der Muschel heraus und auf den Strand krabbelten.

Genau das ist es: Die Schnitzereien der First Nations erzählen Geschichten. Da gibt es uralte Legenden über die Erde, das Meer, den Himmel, das Göttliche und die Menschen. Es gibt Sagen aus grauer Vorzeit sowie historische Ereignisse, die im Gedächtnis des Volkes erhalten bleiben sollen. Es gibt auch Geschichten, die nicht Allgemeingut und wohlbekannt sind, sondern die nur zu den Erinnerungen eines bestimmten Stammes oder zur Vergangenheit einer bestimmten Familie gehören. Also eine unüberschaubare Menge an Geschichten, die nicht in Schriftform, sondern in Bildern und mündlichen Überlieferungen aufbewahrt und von Generation zu Generation weitergereicht werden.

Wenn bei einem Schnitzer ein Totempfahl in Auftrag gegeben wird, dann, wie gesagt, für einen ganz besonderen Anlass oder für einen ganz speziellen Ort. Und es wird genau bestimmt, welche Geschichte der Pfahl erzählen und was er damit ausdrücken soll. Zum Beispiel kann er auf die außergewöhnliche Herkunft einer wichtigen Person hinweisen. Oder es werden, weil es in der Vergangenheit ungewöhnliche Ereignisse gegeben hat, einem einzelnen oder einem Stamm spezielle Fähigkeiten, Rechte oder Pflichten zugeschrieben. Vielleicht werden auch Eigenschaften wie Mut und Weitsicht und die Unterstützung der Elemente gewünscht, um die Zukunft bewältigen zu können. Die letztendliche Ausgestaltung des Totem Pole obliegt aber dem beauftragten Schnitzer. Er kann das Seine dazu tun und die Geschichte auf seine in gewissem Grade individuelle Art darstellen. Das bedeutet zugleich, selbst wenn man sich gut in den Erzählungen der First Nations auskennt und wenn man die abgebildeten Figuren alle erkennt und weiß, welche symbolischen Bedeutungen ihnen zugeordnet werden, kann man einen Totem Pole trotzdem nicht vollständig „lesen“ und verstehen, ohne mit dem Schnitzer gesprochen zu haben – wie das bei der Interpretation von Kunstwerken eben ist.

Die meisten Figuren auf Totem Poles sind Tiere, so wie sie in der Natur vorkommen. Aber sie stehen nicht einfach für sich selbst, sondern verkörpern Wesenheiten, Tugenden, übernatürliche Kräfte und mythische Vorfahren. Da gibt es den Raben, der eine Art Wächter ist. Der Adler repräsentiert das Königreich der Lüfte. Die Eule kündigt oft Unglück oder Tod an. Der Wal ist der Herrscher des Meeres. Der Lachs, als Hauptnahrungsquelle der Menschen und Tiere entlang der Pazifikküste, steht für Gesundheit und Wohlbefinden. Die Orcas, gut

Sea and Sky

erkennbar an der langen Rückenfinne und dem Maul voller Zähne, jagen im Rudel, so wie es die Wölfe an Land tun. Der Bär ist dem Menschen in Sozial- und Familienverhalten am ähnlichsten. Darum gibt es Bären, die in einen menschlichen Körper transformieren und Menschenfrauen heiraten, die dann Bärenkinder zur Welt bringen. Das Thema Transformation, Verwandlung, ist überhaupt in dieser Mythologie von zentraler Bedeutung. Eins verwandelt sich in ein anderes, aber es bleibt sich dennoch gleich, weil es innerlich immer dasselbe Wesen ist. Wie die Orcas, die im Meer das sind, was die Wölfe an Land sind. Oder Frösche, Otter und Biber, die sowohl Land- als auch Wasserlebewesen sind. Die Tiere vermögen es, zwischen der animalischen und der menschlichen Erscheinungsform und Welt zu wechseln. Diese „transformation figures“ sind auf Totem Poles oft angedeutet, indem menschliche Arme noch Federn tragen oder ein Gesicht einen Falkenschnabel.

Von Harold Alfred

Aber es gibt auch geschnitzte Wesen, die nicht der Natur, sondern direkt alten Legenden der indigenen Kultur entstammen. So wie die Lightning Snake, die den Körper einer Schlange und den Kopf eines Wolfes hat. Oder Sisiutl, der „soul searcher“, eine zweiköpfige Seeschlange, die auf der Suche nach der Wahrheit zugleich nach vorn und zurück schaut. Und es gibt den Thunderbird. Er ist einer der machtvollsten Geister. Wenn er mit den Flügeln schlägt, donnert es. Blinzelt er, zucken Blitze. Er kann ein fürchterlicher Gegner oder ein unüberwindbarer Beschützer sein. Und auch er ist eine Transformation, der Thunderbird. Denn woran erinnert die Beschreibung? An die stille Wasseroberfläche des weiten Meeres, die jäh durchbrochen wird von einem donnernden Geräusch. Ein Wal, der Luft und Wasser mit einem lauten Knall ausbläst, bevor er an der Oberfläche erscheint.

INFO

Websites:

- *vancouverisland.com/plan-your-trip/regions-and-towns/vancouver-island-bc-islands/duncan*
- *duncan.ca/visitors/totems-tour/totem-tour-walk*

Cowichan Regional Visitor Centre: Das Visitor Centre liegt gleich am Eingang von Duncan und bietet reichhaltigste Informationen über die Stadt und ihre Umgebung sowie hilfreiches Kartenmaterial; 2896 Drinkwater Road, Duncan, BC V9L 2C6, *tourismcowichan.com/plan-your-trip/visitor-information*

PORT RENFREW UND SEINE STRÄNDE

Tidal Pools bei Ebbe

PORT RENFREW UND SEINE STRÄNDE

Port Renfrew ist ein kleines Nest am Ende der Welt. Zumindest am Ende der Straße. Von Nanaimo kommend fährt man zuerst den Highway 1 an der Ostküste entlang Richtung Süden. Kurz vor Duncan biegt man rechts auf den Highway 18 ab. Er durchquert die Insel auf seinem Weg zum Cowichan Lake. Die Straße führt durch die Cowichan Region. Weites Land mit sanft hügeligem Auf und Ab, das sich wegen seiner geschützten Lage, wegen des milden Klimas auf Vancouver Island und wegen der vielen kleineren und größeren Seen hervorragend für Landwirtschaft eignet. Sogar Wein wird im Cowichan Valley angebaut. Dort, wo in Lake Cowichan (der Stadt) der Cowichan Lake (der See) in Sicht kommt, biegt die Pacific Marine Circle Route ab. Nach Süden, an die Küste, nach Port Renfrew. Immer schmaler wird die Straße. Fast eine Schotterpiste, die sich in wilden Kurven durch die Berge windet. Irgendwann erreicht sie Port Renfrew. Es besteht im Wesentlichen aus einer Hauptstraße, an der einige Häuser stehen. Und der General Store. Eine ortseigene Tankstelle wurde gerade erst gebaut. Gelegentlich gehen rechts und links der Straße Fahrwege ab und verschwinden zwischen den Bäumen. Nur auf der Karte kann man erkennen, dass auch dort noch einige Häuser stehen und sogar ein paar Lodges und Bungalows für Gäste.

Renfrew Pub

Am Ende rutscht die Hauptstraße einen Hang hinunter und mündet mit einem Rechtsschwenk auf dem Parkplatz vor dem Renfrew Pub. Ein zweistöckiges Holzgebäude, früher vielleicht ein Lagerhaus, direkt am Hafen (wenn denn ein langer Pier aus Holzbohlen, einige Schuppen und ein Fischerboot am Ende ein Hafen genannt werden können). Der Pub hat auf seinen zwei dem Wasser zugewandten Seiten eine auf Stelzen gebaute, umlaufende Terrasse. Sie wird gerne genutzt und ist meist gut besetzt. Klar, denn der Blick über die Bucht, hinaus auf das Meer und hinauf ins Gebirge ist phänomenal! Ich sage nur: Sonnenuntergänge! Aber auch, wenn es abends zu kühl wird, um draußen zu sitzen, kann man im Restaurant die Aussicht durch eine große Fensterfront bewundern. Kann selbst die vorzügliche Küche mit frischen regionalen Zutaten genießen, samt lokal gebrautem Bier und kanadischen Weinen – und kann dabei draußen aus dem Wasser dem Weißkopfseeadler beim Fischen zusehen. Was für ein Ambiente!

Port Renfrew Marina

Wobei es auch eine andere Seite von Port Renfrew gibt. Das ist die Sportfischerei. Da kommen ganze Trupps von rauen Kerlen mit ihren Pick-ups angefahren. Mit Kühltruhen auf der Ladefläche. Im Morgengrauen verbreiten sie Unruhe. Machen sich auf den Weg zum Hafen, fahren zum Fischfang raus. Auch sie sind an den Abenden im Pub zu finden. Direkt am Eingang, auf der dem Land zugewandten Seite, gibt es noch einen völlig anders gestalteten Gastraum. Wie eine Sportsbar. Mit einer langen Theke, vielen kleinen Tischen, mit Stimmengewirr und großen Bildschirmen, auf denen Sportübertragungen flimmern. Erst durch einen Gang hinter der Bar und der Küche entlang gelangt man in den ruhigen Teil des Restaurants. Das ist geschickt gemacht, denn mehr als einen Pub hat der kleine Ort nicht zu bieten.

Als wir auf unserer ersten Reise auf Vancouver Island einige Tage in Port Renfrew verbracht haben, hatten wir gleich an unserem ersten Abend eine außergewöhnliche Begegnung. Wir hatten unseren Bungalow bezogen. Es sind dort einige Bungalows neu und direkt neben dem Pier errichtet worden. Wir hatten unsere Sachen ausgepackt und etwas gegessen. Nun war es an der Zeit, die Umgebung zu erkunden. Passenderweise lag Port Renfrew im Licht eines prächtigen Sonnenuntergangs. Die Berge, die Wälder, die Bucht – alles wie verzaubert. Und auf dem Pier tanzte jubelnd eine Frau. Sie glaubte sich unbeobachtet. Als sie uns bemerkte, war sie im ersten Moment peinlich berührt. Aber dann erzählte sie uns voller Stolz, dass sie es tatsächlich geschafft hat, den West Coast Trail zu bewältigen. Obwohl sie nicht mehr die Jüngste und nicht sehr erfahren im Wandern sei.

Cabins Wild Renfrew

Der West Coast Trail ist ein 75 Kilometer langer Fernwanderweg zwischen Bamfield und Port Renfrew. Direkt an der Westküste Vancouver Islands entlang. Früher, im 19. Jahrhundert, war dies ein Rettungsweg für Schiffsbrüchige. Immer wieder wurde er überwuchert. Erst 1973 wurde der Trail wieder hergestellt und dem 1970 gegründeten Pacific Rim National Park angegliedert. Der Wanderweg gilt als extrem schwierig und anstrengend. Sechs bis acht Tage sind nötig, um die Strecke hinter sich zu bringen. Es geht auf und ab durch dichten Wald. Über wackelige Brücken, über Holz- und Strickleitern. Handbetriebene Drahtseilbahnen und Holzstege führen über unwegsames Gelände. Morast, angeschwemmte Baumstämme, Sand und Felsen versperren den Weg. Der Wanderer ist völlig auf sich allein und auf seine Gruppe gestellt. Dreckig, nass geregnet und mit wunden Füßen kämpft er sich weiter. Noch nicht einmal für die Übernachtungen gibt es Schutzhütten. Im Freien wird campiert. Alles muss bedacht, mitgenommen und auf dem Rücken transportiert werden. Vom Schlafsack über Lebensmittelrationen bis zum Wasseraufbereiter und Kochtopf. Im Kwisitis Visitor Centre am Wickaninnish Beach haben wir später einen Film über den West Coast Trail gesehen. Leute, die ihn gewandert sind, haben das Abenteuer gefilmt und kommentiert. Dass die Frau auf dem Pier in Port Renfrew das geschafft hat – Respekt! Das ist wahrlich ein Anlass, vor Freude zu tanzen!

Nördlich von Port Renfrew liegt also der West Coast Trail. Unwegsames Gelände. Aber in Richtung Süden liegen, wie Perlen auf einer Schnur aufgereiht, einige der berühmtesten Strände Vancouver Islands. Der erste ist der Botanical Beach. Der Name ist gut gewählt, denn jedem Naturliebhaber lacht hier das Herz im Leibe.

Botanical Beach

Bei Flut ist dieser Strand eigentlich gar nicht vorhanden. Das Meer spült bis an den Rand des Waldes heran. Erst mit Einsetzen der Ebbe entblößt sich Meter für Meter die unter der Wasseroberfläche verborgene Landschaft. Wild zerklüftete Felsen, auf denen Tang und Seegras liegen bleiben, wenn sich das Meer zurückzieht. Durch Spalten und Miniaturcanyons fließt es ab. Aber es gibt kleine Kessel, Pfützen und Tümpel, in denen bleibt das Wasser stehen. Das sind die sogenannten Tidal Pools. Dort warten Lebewesen auf das Einsetzen der nächsten Flut. Muscheln und Austern. Kleine Fische, die umher huschen, sobald sie die Erschütterungen von Fußtritten auf den Felsen spüren. Krebse schleppen Schneckenhäuser über sonnengesprenkelte Steine. Seeanemonen lassen ihre Arme treiben. Geraten sie ins Trockene, sacken sie zu unansehnlichen Häufchen zusammen. Kommt das Wasser zurück, entfalten sie sich wieder. So wie die glibberigen braunen Kelp-Blätter und die Algenbüschel sich wieder aufrichten und elegant in der Bewegung des Meeres hin und her schwingen. Es ist herrlich, bei Ebbe auf den trockengelaufenen Felsen von Botanical Beach entlang zu schlendern und in die einzelnen Pools zu spähen, was sich dort tut. Wenn man Glück hat, kann man sogar Seesterne entdecken. Aber das nur an den Stellen, wo die Ebbe erst an ihrem tiefsten Stand und nur für kurze Zeit das Wasser abzieht. Seesterne mögen das Trockenliegen nicht. Es wäre auch zu gefährlich für sie, denn überall auf den aus dem Meer aufgetauchten Felsen haben sich Möwenschwärme niedergelassen, und kleine Trupps von Raben staksen durch den Tang, schichten ihn um, hacken hier und knacken da und besprechen lautstark ihre Funde.

Gäste am Botanical Beach

Setzt die Flut ein und kehrt das Meer zurück, versinkt der ganze Spuk wieder Meter für Meter ins Verborgene. Dabei machen die Wellen ein gewaltiges Getöse. Sie rennen mit voller Wucht gegen die Felskanten und explodieren als wilde weiße Brandung. Die Möwen bleiben noch eine Weile, ehe sie der Flut weichen. Aber die menschlichen Besucher tun gut daran, rechtzeitig den Rückzug anzutreten, bevor er ihnen vom Wasser abgeschnitten wird.

Vor dem Waldessaum liegt eine Ansammlung trockener Baumstämme. Irgendwann von einem Hochwasser oder einer Springflut hier abgeladen. Sie liegen schön aufgereiht wie die Sitzbänke eines Amphitheaters. Wer mag, kann sich darauf niederlassen und den nächsten Akt des Schauspiels von Ebbe und Flut betrachten.

Hier in der Gegend gibt es einiges, das spanisch klingt. Der Name „Sombrio Beach“ zum Beispiel. Oder der „Juan de Fuca Marine Trail“. Das ist ein weiterer Fernwanderweg, der vom Süden Vancouver Islands die Küste heraufkommt und in Port Renfrew endet. Seinen Namen hat er von der „Juan de Fuca Strait“, einer Meeresstraße, die hier zwischen der Westküste British Columbias / Kanada und dem nördlichsten Zipfel von Washington State / USA liegt.

Wer also war dieser ominöse Juan de Fuca? Ein Grieche! 1536 als Ioannis Phorkas auf Kefalonia geboren, 1602 auf Zakynthos gestorben. Vierzig Jahre lang fuhr er als der Navigator Juan de Fuca für die spanische Krone zur See. Im Jahr 1592 erhielt er den Auftrag, nach einer Nordwestpassage zwischen dem Pazifik und dem Atlantik zu suchen. Eine solche Durchfahrt konnte de Fuca zwar nicht finden. Aber als zweihundert Jahre später Captain Charles William Barkley mit der britischen „Imperial Eagle“ auf seinen Spuren fuhr und genauere Erkundungen und Vermessungen anstellte, ehrte er den Entdecker der Meeresstraße und gab ihr den Namen Juan de Fuca Strait. Auftrag gescheitert, Unsterblichkeit gesichert.

Sombrio Beach

Sombrio Beach ist komplett anders als Botanical Beach. Weil bei unserem Besuch gerade Flut war, blieb uns verborgen, wie es wohl unter der Meeresoberfläche aussehen mag. Es war nur ein schmaler Kiesstrand zu sehen. Der läuft am Waldrand entlang, garniert mit einer Vielzahl abgestorbener, angeschwemmter, vom Wasser glattpolierter Baumstämme. Dieser Strand ist zugleich der faszinierendste Zeltplatz, der uns je untergekommen ist! Es gibt keinerlei Komfort außer einem Klohäuschen im Wald und einigen bärensicheren, also verschließbaren, stabilen Metallboxen zum Aufbewahren von Lebensmitteln. Zwischen den Bäumen stehen direkt am Strand kleine, schlichte Zelte. Jemand liest, in einer Hängematte sich wiegend, ein Buch. Ein Mädchen schlendert über den Kies, liest ebenfalls und lässt dabei einen Hoollahoop-Reifen um ihre Hüften kreisen. Als wir an ihr vorbeikommen, nickt sie uns zur Begrüßung ernsthaft zu und schreitet weiter.

Ein junger Mann hat zwischen den Felsen ein Lagerfeuer angezündet und schaut versonnen den Qualmschwaden hinterher. Alle sind tiefenentspannt hier. Diese Surfer Kids sind wirklich ein ganz besonderer Menschenschlag, das merken wir immer wieder. Ob das, zumindest zum Teil, an der Geräuschkulisse liegt? Wenn man am Sombrio Beach steht und die Augen schließt, hört man die Wellen, wie sie den Strand hinauf brausen. Beim Zurückfließen bringen sie unzählige Steine zum Klackern. Rausch, Klacker. Rausch, Klacker. Möwenschrei. Rausch, Klacker. Ozeanische Meditationsmusik.

Steine am Strand

Perfekter Arbeitsplatz

INFO

Aktivitäten:

- Avatar Grove: Hier stehen die mächtigsten Mammutbäume Vancouver Islands; *visitorinvictoria.ca/avatar-grove-port-renfrew* und *ancientforestalliance.org/learn-more/directions-to-avatar-grove/#*

Website:

- *wildrenfrew.com/things-to-do-in-port-renfrew*

Einkehren:

- Renfrew Pub: 17310 Parkinson Road, Port Renfrew, BC V0S 1K0, *wildrenfrew.com/renfrew-pub*

Übernachten:

- Wild Renfrew: *wildrenfrew.com*
- Campground am Sombrio Beach: *bcparks.ca/explore/parkpgs/juan_de_fuca/trailhd.html#sombrio*

IN VICTORIA

Inner Harbour

IN VICTORIA

Die Geschichten in diesem Buch sind in etwa so angeordnet, dass sie unseren Reiserouten von 2017 und 2019 folgen. Von Vancouver haben wir mit der Fähre übergesetzt nach Nanaimo. Von dort ging es an der Ostküste Vancouver Islands entlang Richtung Norden. Später denselben Weg zurück und rüber an die Westküste. Dann an die Südwestküste. Den Abschluss bildete beide Male ein Besuch von Victoria. Das ist die Hauptstadt von British Columbia. Eigentlich erstaunlich, wo es doch etwas schwer erreichbar auf der Insel liegt und Vancouver um einiges größer ist. Aber es liegt vielleicht an der Geschichte der Stadt. Um 1840 wurde hier am südöstlichsten Zipfel Vancouver Islands, wo die Juan de Fuca Strait und die Georgia Strait zusammen kommen, eine Niederlassung der Hudson Bay Company gegründet. Der Handel mit den First Nations florierte bald zur beiderseitigen Zufriedenheit. 1849 wurde Vancouver Island zur britischen Kronkolonie erklärt. Der Hafen von Victoria, der seinen Namen selbstverständlich zu Ehren der berühmten Queen Victoria trägt, wurde zum wichtigsten Hafen nördlich von San Francisco. Hauptstützpunkt der britischen Pazifikflotte. Versorgungszentrum für die Scharen von Goldsuchern auf ihrem Weg in den verheißungsvollen Norden. So wuchsen die Stadt und ihre Bevölkerung rasch. 1862 erhielt Victoria das Stadtrecht und wurde 1871 zur Provinzhauptstadt von British Columbia erklärt.

Mal abgesehen davon, dass Kanada ja auch heute noch Teil des britischen Empire ist, könnte die Stadt Victoria den englischen Einfluss aus ihrer Vergangenheit niemals erfolgreich leugnen. Gut, die weitläufigen, ständig wachsenden Außenbezirke sind einfach die einer modernen Großstadt. Aber der alte Kern, der sich um den Inner Harbour herumzieht, ist so very british, dass einem das Herz aufgeht!

Welcome to Victoria!

Da gibt es Grünanlagen mit aufwendig gestalteten und liebevoll gepflegten Blumenrabatten. Viele Straßen werden von verschnörkelten, gusseisernen Laternen beleuchtet, an denen üppig blühende Blumenampeln baumeln. Entlang der Uferpromenade sind sogar die Treppen, die hinaufführen in die Innenstadt, mit Blumenkübeln geschmückt. Und am Fähranleger steht mit leuchtend bunten Blumen in eine Rasenfläche geschrieben „Welcome to Victoria“.

Parlament bei Tag ...

Genau von dieser Stelle aus übrigens, wenn man mit dem Rücken zur Bucht auf der Promenade steht, hat man das Parlamentsgebäude vor sich. Mit einer Statue der Queen Victoria vor dem Eingang, versteht sich. Es ist ein imposanter, eckiger, dunkler Kasten à la Windsor Castle. In der Abenddämmerung allerdings gehen auf einmal die Lichterketten an, die die Umrisse des Parlamentsgebäudes nachzeichnen und es in eine Hochzeitstorte aus Disneyland verwandeln.

... und am Abend

Viele Gebäude hier in der Altstadt wirken so britisch, als könnten sie ebenso gut in London stehen. Allen voran das berühmte Empress Hotel am Hafen. Eine Herberge der gehobenen Preisklasse, die sogar eine eigene Landungsbrücke mit rotem Teppich hat. Aber auch die Straßen der Innenstadt werden von den hohen, dunklen Kästen gesäumt. Es gibt auch schmale, kopfsteingepflasterte Gassen, ein irisches Viertel und stille Straßen abseits vom Trubel, mit Hotels und Pensionen, deren Stil an die koloniale Vergangenheit erinnert.

Besonders im Inner Harbour gibt es viel zu sehen! Die verschiedensten Schiffe und Boote (auch solche für Whale Watching Touren). Fähren kommen herein und verabschieden sich wieder (es gibt zum Beispiel eine Direktverbindung zwischen Victoria und Seattle). Im „Red Fish Blue Fish“ in einer Bretterbude auf dem Steg kann man Fish & Chips bekommen. Aber nicht von der langen Warteschlange abschrecken lassen! Denn dann beim Essen über die Bucht zu schauen, womöglich noch in den Sonnenuntergang, und den Wasserflugzeugen beim Starten und Landen zuzusehen, ist zauberhaft. Obwohl der Clou an diesem Bild die kleinen Wassertaxis sind. Gelb und grün gestrichene Nussschalen, die ständig kreuz und quer durch das Hafenbecken flitzen und die verschiedenen Anlaufpunkte miteinander verbinden. Jedes Wassertaxi trägt auf seinem Dach stolz eine Kanadafahne, die im Fahrtwind rot-weiß hinter ihm her flattert.

Anstehen beim „Red Fish Blue Fish"

Wassertaxis

Mit diesen kleinen Harbour Ferries verbindet uns eine besondere Begebenheit. Als wir zum ersten Mal nach Victoria kamen, fragten wir uns etwas hilflos, wie es eigentlich möglich sein soll, eine Stadt kennenzulernen, wenn wir am Nachmittag des einen Tages dort eintreffen und zwei Übernachtungen später frühmorgens wieder abreisen müssen. Nur ein kompletter Tag, um einen Eindruck von Victoria zu gewinnen. Erst einmal standen wir achselzuckend vor dieser Aufgabe. Dann hat es sich gefunden, so wie sich die Dinge immer von ganz allein fügen, wenn man sie nur lässt.

Auch auf Reisen sind wir via Internet mit anderen verbunden. Da gibt es zum Beispiel auf facebook eine Gruppe, die sich „MeinKanadaReiseplaner" nennt. Lauter Kanadaverrückte, die sich über ihr Gelobtes Land austauschen. Da werden Tipps und Erfahrungen weitergegeben, und ist einer auf Reisen, begleiten ihn der Neid und die Sehnsucht der anderen. So sind alle auf „MeinKanadaReiseplaner" darüber auf dem Laufenden, dass wir in Victoria angekommen sind. Schon vor dem Frühstück erreichte uns der erste Hinweis: Als Hans-Peter 2011 in der Stadt war, führten die Wassertaxis am Sonntagmorgen ihr berühmtes Ballett auf. Es ist Sonntagmorgen! Aber um welche Uhrzeit das gewesen sein könnte, weiß er nicht mehr. Jemand anders hat mitgelesen und liefert auch schon die Antwort: Um 10.45 Uhr geht es los. Das passt uns gut. Gleich nach dem Frühstück gehen wir also hinunter zum Hafen. Am Steam Ship Terminal läuft schon Musik. Zuschauer aus aller Herren Länder trudeln ein, und auch die Wassertaxis versammeln sich unweit in einem der Hafenbecken. Die Sonne vertreibt allmählich die morgendliche Bewölkung. Es wird wieder ein goldener Herbsttag werden. Der Mann an der Musik macht eine Durchsage: „Die Victoria Harbour Ferries laden ein zur letzten Aufführung ihres Wasserballetts in dieser Saison.“ Und Dank Hans-Peter sind wir dabei!

Bunter Fisherman's Wharf

Dann geht es los, das sonntägliche Formationsfahren der grünen und gelben Harbour Ferries. Wie wendig sie sind! Wie ihre Kanadafahnen im Fahrtwind flattern! Es ist wirklich erstaunlich, zu welchen Fahrkünsten und Rangierkapriolen die Bootsführer in der Lage sind!

Es hat sich für uns meist so ergeben, dass wir am Inner Harbour der Promenade nach rechts gefolgt sind. Durch den ganzen Trubel von Booten, Touristen, Möwen, Kleinkunst und Verkaufsständen hindurch. Denn in dieser Richtung geht es, wenn man am Ende eine der langen Treppen hinauf stapft, zur Innenstadt. Zu Restaurants, Bars und Souvenirläden. Folgt man der Promenade allerdings in der entgegengesetzten Richtung, nach links, ergibt sich ein ganz anderes Bild. Da geht sie allmählich über in einen schönen, ruhigen Spazierweg am Ufer entlang und durch die Grünanlagen des Laurel Point Park. Es dauert gar nicht lange, da erreicht man Fisherman's Wharf.

Trau dich ruhig!

Das ist ein interessanter Platz! Einerseits liegen hier entlang der Holzstege tatsächlich einige Fischerboote. Manche wohl noch in Betrieb, andere alt, abgeblättert, zugemüllt und am Verrotten.

Einer der Fischer hat am Heck seines Bootes zwei Wasserkanister mit tellergroßen Krebsen und Langusten stehen. Meint er, er könnte die noch lebenden Tiere an vorbei spazierende Touristen verkaufen? Deren Kinder finden es allerdings äußerst spannend. Wenn sie neugierig die

Wohnungen auf Fisherman's Wharf

Gesichter über die Bassins beugen, fragt der Fischer sie, ob sie die Tiere mal anfassen wollen. Die Scheren sind ja zusammengebunden, es kann nichts geschehen. Dann nicken die Kinder etwas zögerlich, aber mit blitzenden Augen und fühlen vorsichtig in die Wannen hinein.

Fisherman's Wharf ist andererseits aber auch ein Ort, an dem tatsächlich bewohnte Hausboote vor Anker liegen. Die festen Stege zwischen ihnen sind wie schmale Gassen. Und jedes Hausboot sieht anders aus! Von „jemand wohnt auf seinem Boot" über die leicht betagte Variante mit dunklen Holzschindeln und Blumenkästen bis hin zum eleganten, modernen Design mit geräumiger Dachterrasse und Panoramafensterfront. Jedes Boot einmalig und mit vielen Details liebevoll dekoriert.

Darum herum haben sich natürlich schwimmende Fressbuden, eine Whale Watching Firma und die absonderlichsten Souvenierläden niedergelassen. Was Touristen eben so gebrauchen können. Hier lässt es sich herrlich eine Weile herumbummeln.

Übrigens ist Fisherman's Wharf eine der Haltestellen, die von den Harbour Ferries angefahren wird. So konnten wir für den Rückweg zum Steam Ship Terminal gleich einmal ausprobieren, wie es sich mit einem der kleinen Wassertaxis fahren lässt ... Es lässt sich vor allem kurz damit fahren. Der Inner Harbour ist ja nicht groß. Nach wenigen Augenblicken geht es auch schon wieder ans Aussteigen. Es ist damit wohl wie mit vielen Touristenattraktionen: Man will es mal ausprobiert haben – aber das war's dann auch. Andererseits könnte ich nie müde werden, in Victoria am Hafen zu sitzen und dem bunten Treiben und den flatternden Kanadafahnen auf den Wassertaxis zuzusehen.

INFO

Aktivitäten:

- Fisherman´s Warf: 12 Erie Street, Victoria, BC V8V 4X5, *visitorinvictoria.ca/fishermans-wharf und gvha.ca/marinas-facilities/fishermans-wharf*

Einkehren:

- Irish Times Pub: urgemütliche Atmosphäre, große Auswahl verschiedenster Getränke und leckeres Essen. Hier habe ich mutig Poutine bestellt, ohne genau zu wissen, was das sein könnte. Eben eine kanadische Spezialität. Einfach mal was Neues zu probieren, lohnt sich! 1200 Government Street, Victoria, BC VßW 1Y3, *irishtimespub.ca*
- Red Fish Blue Fish Seafood: leckeres Seafood zum Mitnehmen, direkt am Hafen, 1006 Wharf Street (at Broughton) Victoria, BC V8W 1N8, *redfish-bluefish.com*

Übernachten:

- The Embassy Inn: 520 Menzies Street, V8V 2H4 Victoria, *embassyinn.ca*
- Royal Scot Hotel & Suites: 425 Quebec Street, V8V 1W7 Victoria, *royalscot.com*

Beide Hotels liegen in direkter Nähe zum Parlament und zum Inner Harbour.

„JESUS LOVES YOU!“

Fisgard Lighthouse

„JESUS LOVES YOU!“

Eine Sehenswürdigkeit von Victoria soll noch einmal ganz besondere Beachtung finden: das Fisgard Lighthouse. Natürlich gibt es in dieser schönen Stadt unzählige Attraktionen. Plätze, Gebäude, Museen und Veranstaltungen, die es auf jeden Fall lohnen würde, sich anzusehen und kennenzulernen. Aber das ist es eben, die Fülle der Möglichkeiten, die mit der Kürze der einem zur Verfügung stehenden Zeit kollidiert. Die meisten Reisenden haben irgendwann ihre ganz persönliche Prio-Liste entwickelt. Manche konzentrieren sich auf Museen und Ausstellungen. Andere besichtigen eine Kirche nach der anderen. Wer sich in einer Stadt und in dem, was sie zu bieten hat, schon etwas auskennt, kann sein Insiderwissen nutzen, um zu besonderen Veranstaltungen, Festivals oder Feiertagen anzureisen.

Also, bei uns sind es die Leuchttürme. Wir sammeln gewissermaßen Leuchttürme. Überall auf der Welt. Ob in Deutschland, Dänemark, Schottland oder Kanada. Wo wir des Weges kommen und ein Leuchtturm in der Nähe ist, sehen wir ihn uns an. Machen viele schöne Bilder und schreiben Geschichten darüber. Warum? Na, wie das beim Sammeln meist ist, kann man nicht wirklich erklären, was diese spezielle Faszination ausmacht. Leuchttürme sind einfach schön, wenn sie so im Meer oder vor dem Hintergrund des weiten Ozeans stehen. Und jeder sieht anders aus – welche Vielfalt! Vielleicht ist auch ein Stück Romantik dabei? Dass wir uns vorzustellen versuchen, wie es wohl sein mag oder gewesen sein mag, so ganz einsam und sturmumtost und mit einem so unglaublich fernen Horizont vor Fenster und Haustür zu leben? Außerdem hat ja jeder Leuchtturm seine ganz eigene Geschichte.

Einfahrt in den Esquimalt Harbour

Das Fisgard Lighthouse steht etwas außerhalb von Downtown Victoria am Fuße eines Hügels. Auf einer Landzunge zwischen der Einfahrt in den Esquimalt Harbour und der Meerenge am Eingang der Juan de Fuca Strait. Es ist wirklich eine felsige Küste mit vielen gefährlichen Untiefen und oft stürmischem Seegang. Eine Stelle, wie geschaffen für Schiffskatastrophen. Hier hat sich immer schon viel Unglück ereignet. Aber als Mitte des 19. Jahrhunderts der Goldrausch alle möglichen Einwanderer nach Vancouver Island brachte und Victoria zu einem bedeutenden Handelshafen heranwuchs, war die Zeit gekommen, die Gefahr

Fisgard Lighthouse

zu bannen. 1860 wurde das Fisgard Lighthouse als erster Leuchtturm der kanadischen Westküste in Betrieb genommen.

Ursprünglich stand der Leuchtturm nicht, wie heute, auf einer Landzunge, sondern lediglich auf einem flachen Felsen vor der Küste. Es wurde ein zweigeschossiges Wohnhaus darauf gebaut. An eine seiner Hausecken wurde der Turm mit dem Leuchtfeuer direkt angeschlossen und ist aus dem Obergeschoss zu betreten. Um die Gebäude herum war noch Platz für einen kleinen Gemüsegarten und eine Hühnerzucht. Solchen Selbstversorgerkomfort hatten andere Leuchttürme oft nicht zu bieten. In ihnen lebten die Wärter und ihre Familien isoliert vor sich hin und waren völlig auf die vierteljährlich eintreffenden Versorgungsschiffe angewiesen. Nicht so das Fisgard Lighthouse. Es bot wegen seiner Nähe zur Küste sogar die Möglichkeit, Einkaufsfahrten nach Victoria zu unternehmen. Allerdings scheint die Überfahrt per Boot doch derart riskant gewesen zu sein, dass 1951 der Damm aufgeschüttet wurde, der heute den Leuchtturm mit dem Festland verbindet. Besser spät als nie, würde ich sagen, denn da war das Fisgard Lighthouse seit 1929 bereits verlassen. Das Leuchtfeuer war automatisiert worden. Es arbeitet aber bis jetzt noch und weist den Schiffen den sicheren Weg in die Häfen von Esquimalt und Victoria.

Im Lighthouse Museum

1960, zum einhundertjährigen Jubiläum seiner Inbetriebnahme, wurde das Fisgard Lighthouse zu einer kulturhistorischen Stätte von nationaler Bedeutung erklärt. Seitdem gehört das Gelände zu den kanadischen Nationalparks. Die ganze Anlage wird mit besonderer Aufmerksamkeit geschützt, gehegt und gepflegt. Um sie besichtigen zu können, braucht man einen Nationalparkpass.

Uns hatte unsere Liebe zu Leuchttürmen an diesen Ort geführt, und so haben wir uns das Fisgard Lighthouse angesehen. Wir haben seinen Anblick und die Aussicht wirklich sehr genossen. Es ist unglaublich schön dort! Aber eigentlich hat das weitläufige Areal entlang der Küste noch viel mehr zu bieten. Nämlich das Fort Rodd Hill.

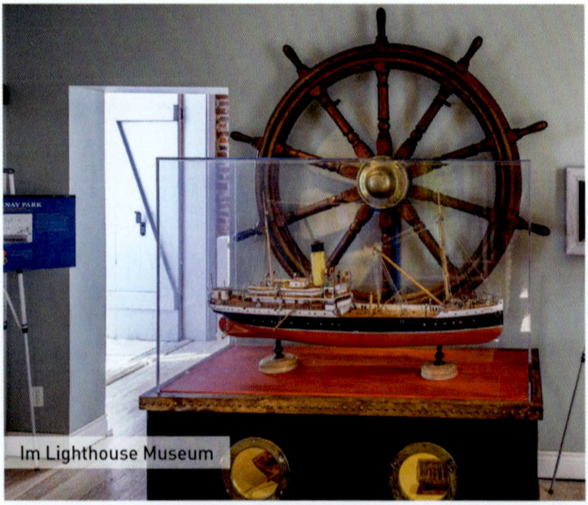

Im Lighthouse Museum

Es gehört zu einer ganzen Reihe von Befestigungsanlagen der kanadischen Küstenartillerie, die zwischen 1878 und 1956 ausgebaut wurden. Sie sollten die westliche Grenze des britischen Empire schützen. Da kam der Leuchtturm an seinem strategisch günstig gelegenen Platz gerade recht. Um ihn herum und in den benachbarten Hügeln wurde eine ausgedehnte Verteidigungsanlage aufgebaut. In dem Faltblatt von Parks Canada, das man am Eingang bekommt (übrigens in allen erdenklichen Sprachen), heißt es: „Fort Rodd Hill ist weltweit eine der vollständigsten und besterhaltenen Anlagen dieser Art. Es besteht (fast) vollkommen aus Originalgebäuden, an denen nur minimale Restaurierungsarbeiten ausgeführt wurden.“ Mit einem ansprechend gemalten Lageplan des Geländes und detaillierten Erklärungen zu allen Gebäuden kann man herumspazieren und sich alles in Ruhe ansehen. Ein Stück bewahrte Geschichte, nicht wahr?

Allerdings muss ich zugeben, dass es eine ganz andere Geschichte ist, die wir noch heute automatisch mit unserem Besuch des Fisgard Lighthouse in Verbindung bringen. Als wir am Ende unserer ersten Reise durch Vancouver Island einen Nachmittag dort verbracht haben, war das ein Sonntag. Unser dritter auf der Insel. Und jeder dieser Sonntage hatte uns etwas besonderes geschenkt. Der erste Sonntag war der Tag gewesen, an dem wir mit Seawolf Adventures in den Thomson Sound gefahren waren und am Hang zwischen den Bäumen gesessen und den Grizzlys beim Fischen zugesehen hatten. So nah an der Natur zu sein, da wird einem schon ehrfürchtig ums Herz.

Den zweiten Sonntag hatten wir in Ucluelet verlebt. In unserem urgemütlichen Apartment in der He-Tin-Kis Lodge. Mit Blick über den Balkon direkt in eine umwaldete Bucht, im Hintergrund der Pazifik. An dem Tag hatte es morgens in Strömen geregnet. Zeit, auszuschlafen, im Bett zu lesen, spät zu frühstücken ... eigentlich genau so, wie wir auch zu Hause am liebsten unsere Sonntage verbringen. Als wir mit dem gemütlichen Teil soweit durch waren, hatte der Regen aufgehört. Die Wolken verzogen sich. Als wir ins Auto stiegen, begann die Sonne zu scheinen. Wir wollten den Wickaninnish Beach sehen und sind dort mitten in einem Fest der First Nations gelandet, zu dem jeder herzlich eingeladen war.

Und dies war nun also unser dritter Sonntag. Diesmal in Victoria. Und auch dieser Tag hatte für uns ein ganz besonderes Sonntagserlebnis parat.

Auf Vancouver Island ist es üblich, dass sich alle Menschen grüßen, wenn sie sich begegnen. Ob im Wald, am Strand, auf der Straße oder in der Stadt. Im überbevölkerten Vancouver drüben nun nicht gerade, das wäre zu aufwendig. Aber auf der Insel gehört ein ordentlicher, freundlicher Gruß einfach dazu. Da ist die Welt noch ein Dorf, und die meisten Leute sind auch einem Schwätzchen nicht abgeneigt.

Wir hatten unseren einen Tag, den wir für Victoria eingeplant hatten, am Hafen begonnen, wo die Harbour Ferries ihr berühmtes Ballett aufgeführt hatten. Beeindruckend, wie präzise die fahren und rangieren können! Danach hatten wir uns auf den Weg gemacht, etwas außerhalb von Victoria das Fisgard Lighthouse zu besuchen. Es liegt sehr malerisch auf seiner Landzunge. Über den Damm geht man ein Stück hinaus zum Leuchtturm und seinen Nebengebäuden. Und selbstverständlich achtet man darauf – Spaziergang hin, Sonnenschein her –, alle Mitspaziergänger zu grüßen.

Ein Paar kommt uns entgegen. Der Mann geht vorneweg, nickt uns zu und ist vorbei. Seine Frau, mit gedankenvoll gesenktem Kopf, geht ein paar Schritte hinter ihm. Als sie aufsieht, um uns zu grüßen, bleibt ihr Blick an mir hängen. Sie zögert, ringt mit sich. Erst als sie schon fast an uns vorbei ist, sagt sie: „Jesus loves you!“ Erst bin ich perplex. Dann bleibe ich stehen, drehe mich zu ihr um und antworte: „Yes, we know.“ Die Frau wendet sich ebenfalls noch einmal zurück zu mir. Ihr Gesicht leuchtet auf. Kurz strahlen wir uns an. Dann ist alles gesagt, und jeder geht seiner Wege. Ein schönes Sonntagserlebnis! So etwas ist uns auch noch nicht passiert!

INFO

Fisgard Lighthouse National Historic Site: 603 Fort Rodd Hill Road, Victoria, BC V9C 2W8, *pc.gc.ca/en/lhn-nhs/bc/fortroddhill/visit*

Nationalparkpass: Für den Besuch kanadischer Nationalparks und National Historic Sites benötigen Besucher einen Nationalparkpass. Diesen bekommt man für einzelne Orte oder für ganz Kanada, für einzelne Personen oder für verschiedene Gruppen. Wenn Besucher mehrere Nationalparks in einem größeren Zeitraum besuchen möchten, lohnt sich der Anual Parks Canada Discovery Pass, der ein ganzes Jahr in ganz Kanada gilt und in dem z. B. Familien in einem Fahrzeug einige Dollar sparen können; *pc.gc.ca*. Ebenso ist unter dieser Adresse ein Verzeichnis aller Nationalparks zu finden.

ALLGEMEINE REISETIPPS

Feenhaar im Regenwald

ALLGEMEINE REISETIPPS

Da stellt sich natürlich gleich zu Anfang einmal die Frage, wie viel Zeit ich für den Besuch von Vancouver Island haben will oder haben werde. Ist die Insel eines von vielen Zielen auf einer größeren Rundreise? Es gibt eine sehr beliebte Tour, die mit der Landung in Vancouver beginnt. Von dort aus geht es nach Vancouver Island hinüber. Nach zwei bis drei Tagen zurück aufs Festland, auf dem Sea to Sky Highway durch das nördliche British Columbia bis in die Provinz Alberta, in die Rocky Mountains. Dem Icefields Parkway folgend geht es dann wieder, selbstverständlich mit vielen Abstechern, Richtung Süden. Nach zwei Wochen fliegt man von Calgary aus in die Heimat zurück.

So in etwa der Verlauf. Oder genau anders herum, von Calgary nach Vancouver. Der Vorteil einer Rundreise ist, dass ich von einem Teil der Welt, den ich bisher noch nicht kannte, sehr viel zu sehen und einen umfassenden Eindruck bekomme. Andererseits setzt mir die Menge der anvisierten Stationen enge zeitliche Grenzen. Habe ich für die Insel Vancouver Island insgesamt nur zwei oder drei Tage, muss ich mir schon sehr genau überlegen, was ich unbedingt sehen möchte und was überhaupt durchführbar ist.

Wir verfolgen auf unseren Reisen mittlerweile die entgegengesetzte Strategie. Wir bemühen uns, so lange Urlaub am Stück zu machen, wie wir genehmigt bekommen. Das sind dann drei Wochen oder sogar vier. Diese Zeit widmen wir einem eher eng umrissenen Gebiet. Wir wählen einige wenige, günstig gelegene Stationen aus, an denen wir uns einquartieren. Von dort aus starten wir sternförmig zu unseren täglichen Ausflügen. Das am Ort Bleiben bringt, so meinen wir, etwas Ruhe in das ohnehin schon aufregende Reisen. Wir sehen vielleicht „weniger", aber „gründlicher". Und wir haben die Möglichkeit, unsere Pläne immer wieder zu verändern. Hätten wir für eine bestimmte Sehenswürdigkeit gerne Sonnenwetter, aber heute regnet es – no problem, dann unternehmen wir heute etwas, das im Regen eben so viel Spaß macht und verschieben den anderen Ausflug auf morgen oder übermorgen, wenn die Sonne wieder scheint. (Das ist besonders für die Fotografen unter uns hilfreich.) Auf einer Rundreise wären wir dann im wahrsten Sinne des Wortes längst über alle Berge. Außerdem haben wir die Erfahrung gemacht: Wenn du dich länger an einem Ort aufhältst, tauchen plötzlich von allen Seiten Tipps und Ideen für Unternehmungen auf, von denen du vorher nichts geahnt hast. Wie gut, dann jederzeit umdisponieren zu können!

Das Wetter auf Vancouver Island ist unserem hier in Deutschland doch recht ähnlich. Die Jahreszeiten gestalten sich vergleichbar. So wird es im Winter selten bitterkalt, und Schnee fällt eher selten. Der Frühling bringt schon milde Temperaturen, gilt aber als unbeständig und regnerisch. Die angenehmsten Reisebedingungen bieten Sommer und Herbst. Den Wechsel vom einen zum anderen kann man etwas grob am Labour Day Weekend festmachen. Das ist das erste Wochenende im September. Für die Kanadier, die traditionell eher selten Urlaub haben und nehmen, ist dieses Wochenende ein ganz dicker Fisch! Samstag und Sonntag frei und den Montag wegen Labour Day auch noch. Da machen sich alle auf den Weg. Schwingen sich in ihre Pick-up-Camper und ziehen in die National Parks und Provincial Parks. Oder bevölkern Städte wie Calgary, Vancouver und Victoria, wo ein buntes Festprogramm aufgezogen wird. Da ist mächtig was los!

Für uns Touristen bedeutet das: Vor Labour Day ist Sommer. Warm und sonnig, aber angenehm durch eine stete sanfte Brise vom Meer her. Meist ist es trocken, würde ich unserem Eindruck nach sagen. Juni und vor allem Juli und August sind die Hauptreisezeit auf Vancouver Island. Entsprechend viele Gäste besuchen die Insel. Andererseits gibt es in diesen wenigen Wochen auch unglaublich viele Angebote. Ob es geführte Wanderungen von Rangern sind, Filmvorführungen, Museen oder Ausflüge der verschiedensten Tierbeobachtungsanbieter. Da kann man sich kaum entscheiden. Vom perfekten Strandwetter mal ganz abgesehen.

Nach dem Labour Day Weekend ist die Saison schlagartig vorbei. Es wird Herbst auf Vancouver Island. Durchaus ein sonniger und goldener. (So richtig ausgeprägten Indian Summer gibt es natürlich nur im Osten Kanadas.) Die meisten Angebote und Programme pausieren bis zum nächsten Jahr. Es kommen spürbar weniger Touristen auf die Insel, obwohl die Flüge in der Nebensaison oft deutlich günstiger sind. Der unschlagbare Vorteil an einer Reise im September und Oktober ist, dass nun der Zug der Lachse begonnen hat. Alle Tiere, die auf sie Jagd machen, verlassen ihre Verstecke und ziehen an die Flüsse. Sogar Schwarzbären und Grizzlys vergessen für ein paar Wochen, dass sie eigentlich Einzelgänger sind und futtern sich nebeneinander am Lachs ihren Winterspeck an. Es gibt wirklich keine bessere Zeit, sie in aller Ruhe zu beobachten!

Zwischen Vancouver und Vancouver Island gibt es zwei unterschiedliche Fährverbindungen. Die eine geht quer über die Strait of Georgia nach Nanaimo. Nach einer knappen Stunden befindet man sich bereits an der Ostküste der Insel. Die andere Verbindung führt durch den Schärengarten der Swartz Bay nach Victoria an der Südspitze Vancouver Islands. Diese Fahrt dauert länger; etwa anderthalb bis zwei Stunden.

Natürlich wird die Entscheidung, welche Fähre man benutzt, meistens einfach von der gewählten Reiseroute abhängen. Auf welchem Weg will ich die Insel umfahren oder durchfahren? Wie komme ich am bequemsten von A nach B? Trotzdem, versäumen Sie bitte nicht die Fahrt durch die Swartz Bay! Wir zumindest sind jedes Mal wieder hingerissen von der Vielzahl kleinerer und größerer Inselchen. Von Wäldern überwuchert. Mit Felsen und Stränden. Einzeln stehende Häuser, die immer einen Steg und ein Boot haben, denn andere Verbindungen zur Außenwelt gibt es hier ja nicht. Und ab und zu ein kleiner Leuchtturm, dekorativ ins Irgendwo gestellt. Das sieht einfach zauberhaft schön aus!

Tierbeobachtungstouren werden überall auf Vancouver Island angeboten. Da ist man auf kein besonderes Gebiet beschränkt. Überall gibt es die Möglichkeit und tatsächlich auch tolle Chancen, die aufregendsten Tiere in ihrem natürlichen Lebensraum zu sehen. Wale, Delfine, Seelöwen, Schwarzbären, Weißkopfseeadler, Fischotter und Orcas. Pumas und Wölfe gibt es auch, aber man sieht sie kaum einmal, weil sie so unglaublich scheu sind. Ein ganz besonderes Erlebnis ist es, Grizzlys zu beobachten. Die kommen aber nicht auf Vancouver Island selbst vor, sondern auf der gegenüberliegenden Festlandseite. In den verschlungenen, verzweigten Inlets, Sounds und Flussläufen des Regenwaldes. Um sie zu sehen, muss man von irgendwo an der Ostseite mit dem Boot übersetzen.

Die Grizzlys sind auch ein gutes Beispiel dafür, dass man bei der Planung der Reise und ihren Touren den Wechsel der Jahreszeiten einkalkulieren muss. Auf unserer ersten Reise (damals im September) war der Zug der Lachse in vollem Gange. Wir haben mitten im Regenwald an einer Flussböschung gehockt und den Grizzlys beim Lachsfischen zugesehen. Ein außergewöhnliches Erlebnis! Wir wollten es auf unserer zweiten Reise (Mitte August bis Anfang September) gerne wiederholen – ohne zu bedenken, dass es zu dem Zeitpunkt noch nichts ist mit den Lachsen. Im Sommer kratzen sich die Bären bei Ebbe mit ihren scharfen Krallen große Mengen Muscheln von den felsigen Uferböschungen ab. Auch dabei konnten wir sie ausgiebig beobachten. Aber vom Boot aus, das war eine ganz andere Art von Tour. Noch einmal anders dürfte das Erlebnis ausfallen, wären wir im Frühjahr in Kanada. Dann tauchen die Bären ausgehungert aus dem Winterschlaf auf. Ihre erste Nahrungsquelle des Jahres sind dann die frischen Gräser, Kräuter und Blumen auf den Wiesen. Na ja, es war eben ein Anfängerfehler, zu erwarten, dass sich Ausflüge und Erlebnisse wiederholen lassen.

Es bietet sich auf jeden Fall an, was das Beobachten von Tieren angeht, sich auf die Erfahrung der Touranbieter zu verlassen. Denn natürlich begegnet man Tieren überall. Beim Strandspaziergang, im Wald oder wenn man nichtsahnend auf der Terrasse der Lodge sitzt. Alles ist jederzeit möglich, das ist ja das Großartige an Kanada! Darum gleich mal mein Tipp, immer ein gutes Fernglas umhängen oder griffbereit zu haben. Du weißt ja nie …

Trotzdem ist es immer besser, sich auf Touranbieter zu verlassen. Sicher ist einfach sicherer. Sie wissen aus langjähriger Erfahrung ganz genau, welche Tierarten sich wann wo aufhalten. Sie haben die richtigen Fahrzeuge und Boote, um ihre Gäste an Plätze zu bringen, die wir ohne sie nie gefunden und erreicht hätten. Außerdem haben sie den geschulten Blick. „Wolfsspuren!" „Da sind Fischotter!" „Ein Grizzly, dort, neben dem kahlen Baum!" „Stopp! Da ist eine Grizzlymutter mit ihrem Jungen im Schilf vor uns!" Guides sehen all das. Wir wären daran vorbeigefahren oder vorbeimarschiert. Bestenfalls, ohne etwas zu bemerken. Dümmstenfalls hätten wir uns eine Menge Ärger eingehandelt.

Die meisten Touren finden per Boot statt. So ganz grob lassen sich dabei zwei Varianten unterscheiden. Erstens gibt es die Ausflüge mit Zodiacs und anderen kleinen Schnellbooten. Durch ihre enorme Geschwindigkeit können sie auch entlegene Plätze in kurzer Zeit erreichen. Darum sind diese Touren meist relativ kurz, was ja von Vorteil sein kann, wenn man an einem Ort vielleicht gar nicht soviel Zeit hat. Wofür andere Boote einen ganzen oder halben Tag unterwegs sind, schaffen Zodiacs in wenigen Stunden. Und natürlich haben sie den Vorteil, wenn dort, wohin sie gefahren sind, an dem Tag gerade keine Tiere zu sehen sind, bekommen sie über Funk Tipps von ihren Kollegen, die ebenfalls auf Tour sind. Dann können sie blitzschnell an eine aussichtsreichere Stelle wechseln, an der gerade jemand Tiere gesichtet hat.

Zweitens gibt es die Touren mit größeren oder jedenfalls langsameren Booten. Diese Ausflüge dauern, wie gesagt, länger. Aber wenn man die Zeit hat, sollte man sie sich auf jeden Fall nehmen, finden wir. Denn selbst, wenn das eigentliche Ziel der Tour beispielsweise die Grizzlys auf der Festlandseite der Strait sind, hat man doch auch unterwegs die tollsten Begegnungen. Wale, Delfine und Orcas. Seelöwen, Robben und Adler. Es gibt so viel zu sehen! Mit mäßiger Geschwindigkeit daran vorbeischippernd oder sogar mit ausgestelltem Motor auf den Wellen dümpelnd, lassen sich Tiere, die unsereiner ja höchst selten zu sehen bekommt, in aller Ruhe beobachten. Mehr noch: Fotografen bekommen nur so eine Chance auf gute Bilder. Denn zu fotografieren, während ein Zodiac mit full speed von Welle zu Welle hopst, ist unmöglich! Außerdem hat dort jeder Gast einen festen Sitzplatz und muss während der Fahrt natürlich dort sitzen bleiben.

Auf größeren Booten dagegen kann man umhergehen, um den besten Blick auf die Tiere zu gewinnen. Und es gibt gleichzeitig ausreichend überdachte Plätze, an die man sich zurückziehen kann, falls die Whale Watching Tour sich einen Tag mit Dauerregen ausgesucht hat. Im Trockenen zu stehen, zumindest wenn gerade mal kein Wal zu sehen ist, tut schon sehr gut! Aber seien Sie bloß nicht traurig, wenn Sie eine Tierbeobachtungstour gebucht haben, und stellen morgens fest „Mist, Regen!" Nein, super! Tiere lieben das kühle Regenwetter! Sie haben beste Chancen auf viele spannende Sichtungen!

Ein letzter kurzer Hinweis noch: Gute, wohldurchdachte Planung trägt viel zum Gelingen einer Reise bei. Das ist mal sicher. Andererseits sollte man sich nie zu fest an den Plan klammern. Wir suchen an jedem Ort, den wir erreichen, als erstes die Tourist Information auf. Dort können wir uns ausführlich über die Gegend und ihre Möglichkeiten beraten lassen. Die Mitarbeiter wissen garantiert mehr als jeder Reiseführer. Sie haben den aktuellsten Informationsstand. Sie haben detailliertes Kartenmaterial, natürlich auch zum Mitnehmen. Und sie haben Tipps für tolle Unternehmungen, von denen wir als reisende Neulinge auf Vancouver Island keinen blassen Schimmer hatten. Kontakt aufzunehmen und überhaupt bei jeder sich bietenden Gelegenheit mit den Menschen am Ort ins Gespräch zu kommen, lohnt sich immer! Und wenn es nur wäre, um mit dem Eindruck nach Hause zurück zu fliegen, „Diese Leute auf Vancouver Island sind echt total nett!“ Wie es in Kanada heißt „Gern geschehen!“ oder „You are welcome!“

INFO

Sehr hilfreich für unsere Reisevorbereitungen für Kanada haben sich einige Facebook-Gruppen erwiesen. Hier sollen exemplarisch genannt werden:

- MEIN KANADA Reiseplaner – CANADA BACKROADS: *facebook.com/groups/meinkanadareiseplaner* und *canadabackroads.de*
- 360° Kanada Club: *facebook.com/groups/360.Grad.Faszination.Kanada* und *360grad-travel.club/destinationen/kanada*

Dort tummeln sich jeweils mehrere tausend Kanada-Enthusiasten, die gerne von ihren Reiseerfahrungen berichten und Auskunft geben.

Wo sind die Lachse?

In der Reihe sind u. a. bisher erschienen:

Antje Hansen, Jeannette Fentroß
ISBN 978-3-96855-588-1
Preis 16,95 €

Lothar Simmank
ISBN 978-3-96855-590-4
Preis 16,95 €

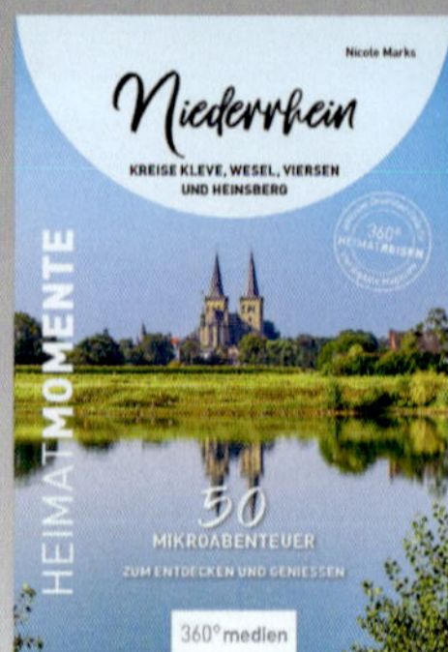

Nicole Marks
ISBN 978-3-96855-663-5
Preis 16,95 €

Nicole Quint
ISBN 978-3-96855-664-2
Preis 16,95 €

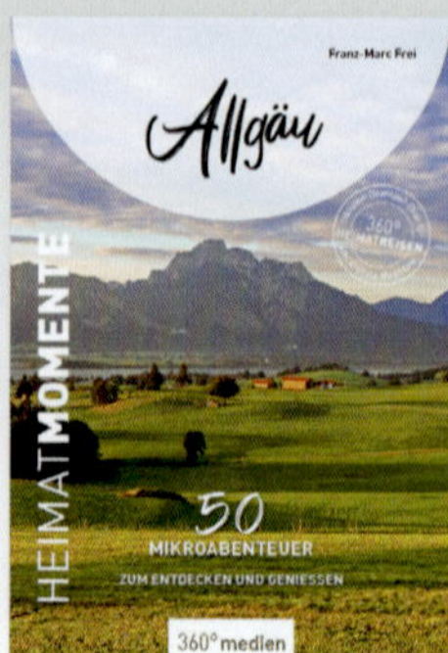

Franz-Marc Frei
ISBN 978-3-96855-662-8
Preis 16,95

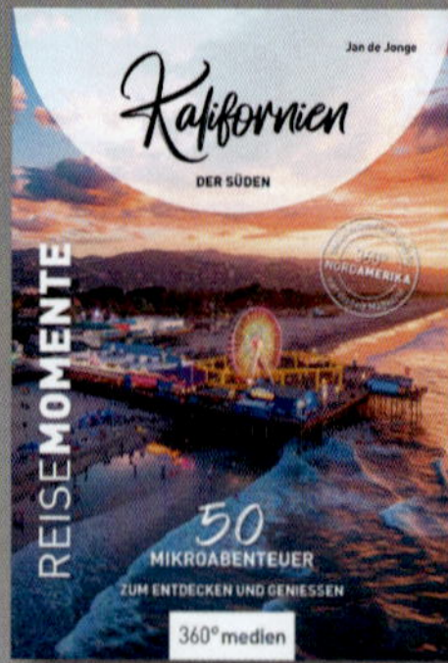

Jan de Jonge
ISBN 978-3-96855-569-0
Preis 16,95 €

In der Reihe sind u. a. bisher erschienen:

Nicole Quint
ISBN 978-3-96855-556-0
Preis 16,95 €

Andreas Drouve
ISBN 978-3-96855-564-5
Preis 16,95 €

Christina Danisio
ISBN 978-3-96855-399-3
Preis 16,95 €

Bernadette Olderdissen
ISBN 978-3-96855-321-4
Preis 16,95

REISEGESCHICHTEN AUS KANADA

Seit fast vierzig Jahren ist Holger Bergold eng mit Kanada verbunden. Sein Buch erzählt, wie er in den Yukon kam und gibt eindrucksvolle Geschichten und Abenteuer zu Wasser, zu Land und aus der Luft wieder, die er auf seinen Yukon-Reisen gesammelt hat.

Das Buch eignet sich ideal als spannende Vorbereitung auf einen Yukon-Urlaub und zeigt auf, wie facettenreich sich Urlaube in diesem Land der Mitternachtssonne und des Polarlichts gestalten lassen. Und diejenigen, die bereits dieses tolle Fleckchen Erde bereist haben, werden durch die Erzählungen an ihre eigenen Yukon-Erlebnisse erinnert und erkennen sich in den Geschichten oft selbst wieder.

Holger Bergold
Geschichten aus dem Yukon
Format 14,8 x 21,0 cm
160 Seiten
ISBN 978-3-96855-312-2
Preis 19,95 €

Sicherheitshinweis:

Wir möchten Sie darauf aufmerksam machen, dass bei der Nutzung dieses Reiseführers bestimmte Risiken bestehen können, die im Zusammenhang mit den beschriebenen Aktivitäten und Attraktionen stehen. Bitte beachten Sie daher die folgenden Hinweise:

- Umgang mit diesem Buch: Beim Blättern können scharfkantige Papierbögen kleine Schnittverletzungen verursachen. Seien Swie vorsichtig.
- Outdoor-Aktivitäten: Wanderungen und Radtouren bergen Sturz- und Unfallgefahren. Prüfen Sie vor Ihrem Aufbruch den aktuellen Wetterbericht, da Wege bei Nässe schnell rutschig werden können.
- Attraktionen und Sehenswürdigkeiten: Befolgen Sie stets die Sicherheits- und Warnhinweise sowie Anweisungen der Betreiber vor Ort, um Gefahren zu vermeiden.
- Aktualität der Informationen: Die Angaben in diesem Buch wurden sorgfältig zusammengestellt, können jedoch Änderungen unterliegen. Überprüfen Sie Öffnungszeiten, Routenbeschreibungen und andere relevante Informationen vorab.
- Unzureichende Vorbereitung: Die Beschreibungen im Reiseführer dienen als Grundlage, ersetzen aber nicht eine gründliche Vorbereitung. Informieren Sie sich zusätzlich zu Schwierigkeitsgraden, Routen und notwendiger Ausrüstung.
- Umwelt- und Tierschutz: Nehmen Sie Rücksicht auf die Natur und vermeiden Sie Verhaltensweisen, die Flora und Fauna schädigen könnten. Begegnungen mit Wildtieren können potenziell gefährlich sein.
- Überfüllung und Infrastruktur: Beliebte Attraktionen können stark frequentiert sein, was Gedränge und Einschränkungen bei Sicherheitsmaßnahmen mit sich bringen kann. Planen Sie entsprechend.
- Eigenverantwortung bei Empfehlungen: Die im Buch enthaltenen Tipps und Empfehlungen garantieren keine absolute Sicherheit oder Eignung. Prüfen Sie vor Ort die Bedingungen und entscheiden Sie nach eigener Einschätzung.

Sollten Sie darüber hinaus potenzielle Gefahren feststellen, Beschwerden zur Produktsicherheit haben oder sollte es zu Unfällen oder Verletzungen in Zusammenhang mit unseren Produkten kommen, nehmen Sie bitte Kontakt mit uns auf.
Ansprechperson:
Andreas Walter, Tel.: +49 (0)2104 5063-104
E-Mail: produktsicherheit@360grad-medien.de

Bildnachweis:

Alle Bilder von Ed Voll, außer Adobe stock S. 12/13, 76/77